AF667622

Manuel Krone

Eine bewegte Jugend 1
Wie alles begann

Manuel Krone

Eine bewegte Jugend 1

Wie alles begann

nach einer wahren Begebenheit

Rediroma-Verlag

Bibliografische Information der Deutschen Nationalbibliothek:
Die Deutsche Nationalbibliothek verzeichnet diese Publikation in der Deutschen Nationalbibliografie; detaillierte bibliografische Daten sind im Internet über http://portal.dnb.de abrufbar.

ISBN 978-3-98885-412-4

www.rediroma-verlag.de
12,95 Euro (D)

Anerkennung

Ich möchte meine aufrichtige Dankbarkeit den Menschen ausdrücken, die diese Geschichte möglich gemacht haben:

Meiner Familie, für ihre unerschütterliche Unterstützung und Ermutigung während dieser Reise.

Meinen lieben Freunden, Jens Radler, Walter Lücke und Andreas Eckhardt, die einen integralen Teil dieser Geschichte waren und für die unzähligen Erinnerungen, die wir gemeinsam geschaffen haben.

Stefan Heidenreich, für seine einzigartige Präsenz und seinen eigenen Beitrag in unserem Jugendleben.

Marie Polster, deren unerwartetes Erscheinen einen Wendepunkt in dieser Erzählung brachte.

Meinen Lesern, die mich auf dieses Abenteuer begleitet haben.

Und zuletzt möchte ich der Person danken, aufgrund die gesamte Story so perfekt geworden ist: Vielen lieben Dank Betty Addams!!!

Widmung

Dieses Buch ist dem Geist der Jugend, der Freundschaft und den unerwarteten Wendungen gewidmet, die das Leben auf unseren Weg gebracht hat. Allen, die jemals die Aufregung und Herausforderungen des Erwachsenwerdens erlebt haben, die Liebe gefunden haben und die unberechenbare Reise des Lebens gemeistert haben.

Vorwort

Sehr geehrte Leserin, sehr geehrter Leser,

willkommen in der fesselnden Welt von Marcel Klein und seinen Freunden Jens Radler, Walter Lücke, Andreas Eckhardt und dem rätselhaften Stefan Heidenreich. Dieser wahre Erlebnisroman entführt Sie auf eine Achterbahn der Emotionen, des Lachens und unerwarteter Wendungen.

Marcel‘s Geschichte ist ein Zeugnis für die Kraft der Freundschaft und den Mut, unsere Träume zu verfolgen, selbst in Zeiten von Nervosität und Unsicherheit. Sie erinnert uns daran, dass das Leben unerwartete Wendungen nehmen kann, die uns an Orte führen, die wir uns niemals vorgestellt haben.

Tauchen Sie ein in diese Erzählung und seien Sie bereit für eine fesselnde und einzigartige Reise, die den Abenteurer in Ihrem Herzen berühren wird. Marcel Klein's Leben ist ein Zeugnis für die außergewöhnlichen Erlebnisse, die aus den gewöhnlichen Momenten der Jugend entstehen können.

Drehen Sie also die Seite um und lassen Sie das Abenteuer beginnen.

Mit Spannung und Vorfreude,

Euer Manuel Krone

Fiktive Personen

Männlich

1. Marcel Klein - schüchterner junger Mann, der sich nach und nach wirklich entfaltet

2. Jens Radler - junger Nerd mit seltsamen Ideen

3. Walter Lücke - junger Besserwisser

4. Andreas Eckhardt - junger Mann, der vieles ausprobieren möchte

5. Stefan Heidenreich - geborener Angeber

Weiblich

1. Jaqueline Stadler - schüchterne junge Frau, die sich für den richtigen Mann aufsparen möchte
2. Denise Radler - Schwester von Jens und sehr kluges Mädchen
3. Lisa Nicole Gradl - talentierte junge Dame
4. Marie Polster - intelligente Frau mit sehr großen Träumen
5. Selina Heidenreich - Schwester von Stefan und in ihrem Charakter sehr ähnlich
6. Rebecca White - sehr verführerisch, aber sehr eigensinnig
7. Stephanie Lorenz - Schülerin in der 9. Klasse
8. Maja Süß - Schülerin in der 8. Klasse

9. **Laura Stadler - Schülerin und große Schwester von Jens**

Inhalt

Einleitende Geschichte

Hallo, ich bin Marcel Klein, ein junger Mann im Alter von 14 Jahren, und dies ist meine Geschichte. Die Story meiner besten Freunde Jens Radler, Walter Lücke, Andreas Eckhardt und natürlich mir. Und wenn auch widerwillig, gehört Stefan Heidenreich ebenso dazu. Stefan, das solltet ihr wissen, ist nicht wirklich einer meiner Freunde. Er drängt sich mehr zwischen uns und möchte einfach dazugehören. Aber weil wir zusammen immer viel Spaß hatten, ließen wir es einfach so geschehen, wie es eben passierte.

Doch eines Tages änderte sich alles, als ich plötzlich das Mädchen meiner Träume vor mir sah, und irgendwie hatte ich nicht wirklich den Mut, sie anzusprechen.

Schließlich bat ich Jens um eine Lösung, und wie üblich kam er mit einer seltsamen Idee, die gleichzeitig vielversprechend klang.

Schließlich setzten wir den Plan um. Jens ging zu Marie Polster und sprach mit ihr über mich. Plötzlich kam er zurück und sagte: »Hey Marcel, das Date mit dir und Marie steht.« Ich war wahnsinnig glücklich und zugleich verdammt nervös. Am Ende hätte ich jedoch überhaupt nicht zu dem Date gehen sollen, aber dazu später mehr.

Lasst uns die Geschichte von Anfang an erzählen!!!

Beginn der Freundschaft

Marcel Klein lehnte an der kühlen Backsteinmauer am Rande des Schulhofs und beobachtete, wie in der Pause Gruppen von Schülern lachten und schwatzten. Seine Finger glitten über die ausgefransten Ränder seines Buches und sehnten sich danach, in die Seiten zu entkommen. Er wusste, dass er sich mehr anstrengen sollte, um Freunde zu finden, aber die Vorstellung, sich auf stumpfsinnigen Smalltalk einzulassen, war anstrengend.

»Hey, Marcel!«, rief Jens Radler und bahnte sich seinen Weg durch die Menge. Marcel blickte überrascht auf, dass ihn jemand bemerkt hatte. Jens war ein schlaksiger Junge mit einer Brille auf der Nase, der immer eines dieser Elektronikmagazine unter dem Arm trug.

»Äh, hey, Jens«, erwiderte Marcel vorsichtig und verlagerte sein Gewicht von einem Fuß auf den anderen.

»Da drüben fangen wir gleich mit einem Fußballspiel an«, sagt Jens und zeigt auf die Stelle, an der Walter Lücke und Andreas Eckhardt mit ihren Rucksäcken provisorische Torpfosten aufgestellt haben. »Willst du mitmachen?«

Marcel zögerte und warf einen Blick auf sein Buch. Der Gedanke, mit anderen Sport zu treiben, ließ seinen Magen vor Angst knurren. Doch der hoffnungsvolle Gesichtsausdruck von Jens machte es Marcel schwer, direkt nein zu sagen. Er schluckte den Kloß in seinem Hals hinunter und überlegte, welche Optionen er hatte.

»Komm schon, das wird lustig! Walter hat lauter neue verrückte Strategien, die er ausprobieren will«, fügte Jens hinzu und spürte Marcels Bedenken.

»Strategien?«, fragte Marcel und zog eine Augenbraue hoch.

»Genau! Er hält sich für eine Art Fußballgenie, der immer Spiele analysiert und so«, grinste Jens.

Marcel biss sich auf die Lippe und spürte das Gewicht seiner Entscheidung. Es stimmte, dass er in der Schule kaum jemanden kannte, und vielleicht war das seine Chance, ein paar Freundschaften zu schließen. Er atmete tief durch, nickte und steckte sein Buch in seinen Rucksack.

»In Ordnung, ich probiere es aus«, stimmte er zu, und seine Stimme war kaum über den Lärm des Schulhofs zu hören.

»Großartig!«, strahlte Jens und klopfte Marcel auf die Schulter. »Los geht's!«

Als sie auf das provisorische Feld zusteuerten, klopfte Marcels Herz in seiner Brust. Er spürte, wie die Blicke der anderen Schüler auf ihm ruhten, und er war sich plötzlich sehr bewusst, wie fehl am Platz er sich fühlte. Die frische Luft nagte an seinen Wangen und holte ihn in den gegenwärtigen Moment zurück.

»Okay, wir spielen also nur zum Spaß, oder?«, fragte Marcel und versuchte, seine Nerven zu beruhigen.

»Natürlich!«, beruhigte Jens ihn. »Walter wird vielleicht ein bisschen konkurrenzfähig, aber wir sind alle nur hier, um eine gute Zeit zu haben.«

»Gut«, seufzte Marcel erleichtert.

Als sie sich den Torpfosten näherten, warf Walter Marcel ein schiefes Grinsen zu. »Willkommen im Team, Marcel! Lasst uns diesen Jungs zeigen, was in uns steckt!«

Marcel nickte, atmete tief durch und versuchte, seine Vorbehalte abzulegen. Er war jetzt hier, und es gab kein Zurück mehr. Als das Spiel begann, stellte er fest, dass es gar nicht so schrecklich war, wie er es sich vorgestellt hatte. Sicher, er war nicht der talentierteste Spieler, aber er schaffte es, mit den anderen mitzuhalten. Gelächter und freundliches Geplänkel erfüllten die Luft, während sie spielten, und die Spannung in Marcels Brust löste sich langsam auf.

Und als die Sonne sein Gesicht wärmte und der Wind sein Haar zerzauste, wurde Marcel klar, dass er vielleicht, nur vielleicht, endlich anfing, seinen Platz in dieser neuen Umgebung zu finden.

Die Sonne stand nun hoch am Himmel und warf scharfe Schatten auf den Fußballplatz. Marcels Herz klopfte im Rhythmus des Lachens seiner neuen Freunde. Er warf einen Blick auf den Ball, dessen Oberfläche von Schweiß und Grasflecken glänzte, und nahm den Mut zusammen, einen Pass auf Jens zu spielen.

»Schön, Marcel!«, schrie Jens, als er den Ball mit einer gekonnten Berührung annahm, was Marcel zum Lächeln brachte.

Plötzlich tauchte eine große Gestalt am Rand des Spielfelds auf, deren selbstbewusster Schritt die Aufmerksamkeit auf sich zog. Stefan Heidenreich, notorischer Angeber und selbsternannter König des Schulhofs, näherte sich mit einem Schmunzeln.

»Macht es euch etwas aus, wenn ich mitspiele?«, fragte er und wartete nicht auf eine Antwort, bevor er Marcel den Ball von den Füßen riss. Marcel fühlte, wie ihm die Hitze in die Wangen stieg. Er mochte es nicht, in den Schatten gestellt zu werden, vor allem nicht von jemandem wie Stefan.

»Gut«, murmelte er und trat zurück zu den Torpfosten. »Aber ich halte deinen Ball nicht.«

»Reiß dich doch zusammen, Kleiner.«, zuckte Stefan mit den Schultern, warf den Ball in die Luft und fing ihn schließlich wieder auf. Marcel verschränkte die Arme und versuchte, die Gereiztheit zu ignorieren, die in ihm brodelte.

»Los, Jungs, lasst uns spielen!«, rief Walter und versuchte, die Spannung abzubauen. Doch Marcel konnte seine Verachtung für den Neuankömmling nicht abschütteln. Er beobachtete, wie Stefan einen Trick nach dem anderen mit dem Ball vorführte und von den anderen Schülern Oohs und Ahhs erntete.

»Angeber«, murmelte Marcel leise. Je mehr Stefan sich herausputzte, desto mehr verstärkte sich Marcels Abneigung gegen ihn. Als Stefan sich anschickte, auf das Tor zu schießen, spürte Marcel, wie sich seine Entschlossenheit verhärtete - er wollte dem arroganten Eindringling nicht die Genugtuung geben, ein Tor zu erzielen.

»Marcel, spiel einfach mit«, flüsterte Jens, der das Unbehagen seines Freundes spürte. Aber Marcel schüttelte den Kopf und blieb wie angewurzelt stehen.

»Er soll es doch versuchen«, dachte er trotzig, da er nicht mitmachen wollte. Stefan grinste und spürte Marcels Widerstand.

»Also gut, Kumpel«, sagte er mit einem lässigen Achselzucken, »ich mache es einfach einmal interessant.«

Mit einem wuchtigen Schuss schickte Stefan den Ball in Richtung Tor – und direkt auf Marcel. Reflexartig versuchte Marcel auszuweichen, aber es war zu spät. Die Kugel traf seine Leistengegend und jagte ihm einen brennenden Schmerzstoß durch den Kopf.

Als Marcel nach Luft schnappte, verstummte plötzlich das Gelächter auf dem Spielfeld. Selbst Stefan wirkte verblüfft über das Ergebnis seines gewaltigen Schusses.

»Marcel, geht es dir gut?« fragte Jens mit besorgniserregender Stimme.

»J-jaa, alles o-okay«, würgte Marcel hervor und kämpfte mit den Tränen vor Schmerz. Doch als er Stefan anstarrte, der nun einen unbehaglichen Gesichtsausdruck hatte, spürte Marcel, wie sich etwas in ihm veränderte. Er mag schüchtern und introvertiert sein, aber er würde jemanden wie Stefan nicht kampflos über sich ergehen lassen.

Trotz der qualvollen Schmerzen im Genitalbereich schaffte es Marcel, sich auf den Beinen zu stabilisieren und sich an die betreffende Stelle zu fassen, als ob es den pochenden Schmerz irgendwie lindern würde. Er blickte sich um und sah Walters besorgtes Gesicht neben Jens' Gesicht.

»Hier«, bot Andreas an und streckte Marcel die Hand entgegen.

»Wir müssen etwas tun«, sagte Walter dringend.

»Lass uns ihm Eis zum Kühlen besorgen«, schlug Andreas vor. Die anderen nickten zustimmend, denn sie waren sich der Notwendigkeit bewusst, sofort zu handeln.

»Danke«, murmelte Marcel und versuchte, seine Fassung wiederzuerlangen, als er vom Feld humpelte, seine Freunde dicht hinter ihm. Trotz der anhaltenden Demütigung verspürte er ein kleines Gefühl der Erleichterung, dass die Tortur vorbei war – zumindest für den Moment.

»Wo werden wir Eis finden?«, zuckte Marcel zusammen, und jeder Schritt jagte ihm einen Schmerz durch den Körper.

»Schulkiosk«, schlug Walter vor. »Die haben Beutel mit Eis für Getränke und so.«

»Gute Idee«, stimmte Jens zu und rückte seine Brille zurecht, als sie sich dem kleinen Gebäude in der Ecke des Schulhofs näherten.

»Operation Ice Retrieval ist in vollem Gange«, fügte Andreas mit einem Grinsen hinzu und versuchte, die Stimmung aufzulockern.

»Sehr lustig«, murmelte Marcel, verdrehte die Augen, ließ aber ein kleines Lächeln auf seinen Lippen zu.

»In Ordnung«, sagte Jens und übernahm das Kommando. »Walter, du lenkst den Besitzer am Schulkiosk ab. Marcel, du schnappst dir das Eis. Andreas und ich werden weiter beobachten.«

»Verstanden«, nickte Marcel und stemmte sich gegen das Unbehagen, das er empfand. Er spürte, wie sich

Schweißperlen auf seiner Stirn bildeten - ob von den Schmerzen oder der Angst, erwischt zu werden.

Als sie sich dem Kiosk näherten, fing Walter an, sich mit dem Betreiber zu unterhalten und ihn nach den neuesten Snacks zu fragen, die eingetroffen waren. Seine Stimme klang lebhaft und aufgeregt, ein starker Kontrast zu dem angespannten Ausdruck auf seinem Gesicht.

»Ähm, lass mich kurz nachsehen«, antwortete er und drehte sich um, um in den Regalen zu stöbern.

Marcel konnte nicht anders, als die Fähigkeit seines Freundes zu bewundern, die Rolle so überzeugend zu spielen.

»Komm schon, Marcel«, flüsterte Jens und führte ihn zum Kühlschrank. Als Marcel die Tür öffnete, spürte er, wie die kalte Luft ihn umspülte und ihm vorübergehend Linderung von den anhaltenden Schmerzen verschaffte.

»Schnapp dir die zwei Beutel mit Eiswürfeln«, forderte Andreas ihn auf und warf ihm nervös einen Blick über die Schulter. Marcels Herz raste, als er vorsichtig zwei kleine Tüten mit Eiswürfeln nahm und betete, dass es niemand bemerken würde.

»Tut mir leid, Junge, es sieht so aus, als wären gerade alle aus«, sagte der Betreiber Herr Schuster entschuldigend zu Walter und drehte sich gerade wieder um, als Marcel die Kühlschranktür schloss. Allerdings bemerkte er nicht, dass die Tür klemmte und plötzlich wieder aufging.

»Oh wie schade, danke trotzdem«, erwiderte Walter mit einem Achselzucken und zeigte Marcel einen diskreten Daumen nach oben.

Das eisige Gefühl wirkte Wunder und betäubte den Schmerz fast sofort.

»Los geht's«, flüsterte Marcel, drückte sich das Eis an die Brust und zog sich mit seinen Freunden hastig zurück.

»Mission erfüllt«, erklärte Andreas grinsend und klopfte Marcel auf die Schultern.

»Danke, Jungs«, sagte Marcel leise und war wirklich sehr dankbar für ihre Unterstützung. In diesem Moment, inmitten des Schmerzes und der Verlegenheit, konnte er nicht anders, als die Bindung zu schätzen, die sie teilten, und die Mühe, die seine neuen Freunde für ihn auf sich nahmen. Es war ein kleiner Trost im Chaos der Adoleszenz, aber es bedeutete ihm alles.

»Hey, kein Problem«, antwortete Andreas und klopfte ihm beruhigend auf die Schulter.

Marcels Finger zitterten, als er die Beutel mit den Eiswürfeln an seine Leistengegend drückte und bei dem kalten Stich zusammenzuckte. Er blickte sich um, ihm stockte der Atem, als Herr Paschke in der Tür des Kiosks erschien.

»Ist hier alles in Ordnung?«, fragte Herr Paschke, und Argwohn vernebelte seinen Blick.

»Ja, Herr Paschke, alles in Ordnung!«, stammelte Marcel und versuchte verzweifelt, die Eisbeutel hinter seinem Rücken zu verstecken.

»Herr Paschke!«, unterbrach Jens ihn und trat mit einem Grinsen im Gesicht an den Lehrer heran. »Haben Sie bereits die neuen Fußballtrikots für dieses Jahr gesehen? Sie sind wahrhaft unglaublich!«

»Ach ja, sehr schön«, erwiderte Herr Paschke, dessen Aufmerksamkeit von Jens' Begeisterung abgelenkt wurde. Erleichterung überkam Marcel, und er bedankte sich stumm bei Jens, bevor er aus dem Kiosk schlich. Der Schmerz ließ etwas nach, aber das Eis tropfte Wasser an seinen Beinen herunter und erschwerte ihm das Gehen.

Er stolperte den Flur entlang, auf der Suche nach der nächsten Toilette. Die Wände schienen sich um ihn herum zu schließen, und ihre sterilen weißen Oberflächen spotteten über sein Unbehagen. Als er eine Tür entdeckte, die mit einem Strichmännchen in Hosen markiert war, und in der Annahme, dass es sich um das Zimmer der Jungs handelte, stieß Marcel sie ohne zu zögern auf.

Eine Welle von blumigem Parfüm traf ihn, als er eintrat, aber zwischen der Qual und seiner wachsenden Angst registrierte er den Duft nicht als ungewöhnlich. Er humpelte in die erste Kabine und schloss die Tür mit einem leisen Klicken hinter sich. Schweißperlen waren auf seiner Stirn und sein Atem kam in zackiges Keuchen, als er sich auf die Klobrille sinken ließ. Der Eisbeutel enthielt jetzt mehr Wasser als feste Würfel.

»Na gut... Okay«, flüsterte er vor sich hin und versuchte, sein rasendes Herz zu beruhigen. »Einfach entspannen!«

Er schloss die Augen und konzentrierte sich auf das Gefühl des kalten Wassers, das den Schmerz betäubte. Es war nicht ideal, aber es war besser als nichts. Ein leises Gemurmel von Stimmen außerhalb der Toilettenkabine erregte seine Aufmerksamkeit, und sein Herz setzte einen Schlag aus, als er seinen Fehler erkannte.

»Hast du den neuen Nagellack am Kiosk gesehen?«, fragte jemand mit deutlich weiblicher Stimme, gefolgt von mädchenhaftem Gelächter.

Marcels Gesicht rötete sich vor Verlegenheit, als er den durchnässten Eisbeutel umklammerte und seine Nachlässigkeit verfluchte. Er musste da raus, bevor ihn jemand bemerkte – aber wie? Der Gedanke, diesen Mädchen gegenüberzustehen und seine Anwesenheit auf ihrer Toilette zu erklären, ließ ihn in Panik aufwallen.

»Bleib ruhig«, sagte er zu sich selbst und atmete tief durch. »Ein Schritt nach dem anderen.«

Er wartete auf eine Pause im Gespräch und betete, dass er unbemerkt herausschlüpfen könnte. Marcel wusste, dass er nicht auf der Mädchentoilette bleiben konnte, aber zu gehen war genauso furchteinflößend. Seine Gedanken rasten und suchten nach einer Lösung inmitten des Chaos der Demütigung und des Schmerzes.

Marcel biss die Zähne zusammen und nahm jeden Atemzug mit Vorsicht, während das einst feste Eis langsam in seinen zitternden Händen schmolz. Das kalte Wasser sickerte durch seine Finger und betäubte den Schmerz gerade so weit, dass er wieder klar denken konnte. Er musste eine

Lösung finden, aber sein Verstand fühlte sich so neblig an wie der Badezimmerspiegel nach einer heißen Dusche.

»Lisa, schnell, komm her«, flüsterte Selina Heidenreich aufgeregt von ihrem Platz am Waschbecken aus. Sie hatte Marcels Schuhe unter der Kabinentür entdeckt und konnte der Gelegenheit nicht widerstehen, Unfug zu treiben.

»Was ist los?«, fragte Lisa Nicole Gradl neugierig, als sie sich zu ihrer Freundin gesellte.

»Ein Junge versteckt sich in der ersten Kabine. Ich habe keine Ahnung, warum er auf der Mädchentoilette ist, aber es ist zu gut, um es sich entgehen zu lassen«, erklärte Selina und grinste verschmitzt. »Hol bitte noch Jaqueline dazu.«

»In Ordnung«, stimmte Lisa mit brodeliger Aufregung zu, als Jaqueline sich am Waschbecken gerade schminkte.

»Jaqueline, das wirst du nie glauben«, flüsterte Lisa und winkte sie zu sich. »Ein Junge hat sich scheinbar in der Toilettentür geirrt«

»Echt? Was denkt er sich nur dabei?«, fragte Jaqueline und ihre Augen verengten sich bei dem Gedanken an ein solches Eindringen. »Was ist der Plan?«

»Lass uns ihm eine kleine Überraschung bereiten«, schlug Selina vor und ihre Augen glänzten vor Schadenfreude. »Wir müssen es nur richtig timen.«

Die drei Mädchen drängten sich aneinander und flüsterten verschwörerisch, während sie ihren Streich planten. Währenddessen versuchte Marcel, ihre Stimmen auszublenden und konzentrierte sich stattdessen auf das kalte Gefühl auf seiner Haut. Eine Schweißperle rollte ihm die Schläfe hinunter, als er seine Optionen abwog – bleiben oder gehen?

»Okay, bis drei«, wies Selina mit kaum hörbarer Stimme an.

»Warte«, warf Lisa Nicole Gradl ein. »Sind wir uns da sicher? Was, wenn er sich verletzt hat oder so?«

»Dann werden wir es herausfinden, nicht wahr?«, konterte Selina mit unerschütterlichem Grinsen. »Bereit?«

»Gut«, seufzte Lisa und fand sich mit dem Plan ab.

»Drei... Zwei... eins!«, flüsterte Selina, und gemeinsam traten sie vor und stellten sich direkt vor der Kabine auf.

»Na, wen haben wir denn hier? Bist Du nicht Marcel? Was machst Du denn im Mädchenklo?«, rief Selina, die ihr Lachen nicht zurückhalten konnte. »Du weißt doch, dass das hier die Mädchentoilette ist, oder?«

Marcels Herz stürzte in die Tiefe, als er ihre Anwesenheit registrierte, und sein Gesicht brannte vor Demütigung. Er presste den Kiefer zusammen und versuchte, ihr Lachen zu ignorieren, während er sich verzweifelt wünschte, er könnte in dem kalten Fliesenboden unter ihm verschwinden.

»Bitte... Lasst mich einfach gehen«, krächzte Marcel, Scham und Schmerz mischten sich in seiner Stimme.

»Tut mir leid, Marcel, aber so einfach können wir dich nicht gehen lassen«, mischte sich Lisa ein, und ihre Worte waren wie Dolche in seinem Herzen. »Du hast Erklärungsbedarf.«

»Kann ich nicht einfach... Entschuldigen und gehen?«, flehte Marcel, und das Gewicht ihres Blicks erdrückte ihn noch mehr.

»Netter Versuch, aber so einfach ist es nicht«, sagte Selina mit einer Stimme, die vor honigsüßer Bosheit triefte. »Wir müssen dafür sorgen, dass du dein kleines Abenteuer hier drinnen nie vergisst.«

»Versprichst du, dass du es niemandem erzählen wirst?«, fragte Marcel, verzweifelt auf der Suche nach einem Funken Gnade.

»Kommt drauf an, wie unterhaltsam deine Erklärung ist«, erwiderte Lisa, und ein Hauch von Sympathie schlich sich in ihren ansonsten festen Ton.

Marcel atmete zitternd durch und bereitete sich auf die unvermeidliche Konfrontation vor. Aber auch wenn das Eis schon zu Wasser schmolz, das seinen Schmerz weiterhin betäubte, jagte ihm der Gedanke nach, den Mädchen draußen gegenüberzustehen, einen Schauer über den Rücken – einen Schauer, den kein noch so großes Eis jemals lindern konnte.

Marcels Herz pochte gegen seine Brust und übertönte das Kichern von außerhalb der Kabine. Das Eis hatte längst seine Kälte verloren, und der Schmerz in seiner Leiste kehrte mit aller Macht zurück. Er ballte die Faust und versuchte, sich auf irgendetwas anderes zu konzentrieren, als auf das brennende Gefühl, das seinen ganzen Körper durchströmte.

»Okay, Marcel, die Zeit ist um!«, verkündete Selina mit einer erdrückenden Stimme.

Bevor Marcel reagieren konnte, flog die Kabinentür auf und zeigte Selina, Lisa und Jaqueline, die ihn böse angrinsten. Überrumpelt stolperte er über seine Hose, die sich um seine Knöchel verheddert hatte. Sein Gesicht wurde rot, als er wieder aufstand und versuchte seine Hose wieder anzuziehen.

»Sieh ihn dir an, ganz rot und nervös!«, Lisa gackerte, ihre Augen funkelten vor Schadenfreude. »Was für ein Anblick!«

»Bitte, lasst mich einfach gehen«, flehte Marcel, und die Demütigung sickerte in jede Ritze seines Wesens.

»Ach, stell dich nicht so an, Marcel«, gurrte Selina. »Wir wollen diesen Moment einfach nur verewigen.«

Ihr Handy tauchte hinter ihrem Rücken auf, die Kamera direkt auf Marcels beschämten Gesichtsausdruck gerichtet. Panik stieg in ihm auf und drohte überzuschwappen.

»Selina, bitte, lass es!«, rief er, aber es war zu spät.

Der Auslöser klickte und besiegelte sein Schicksal. Selinas Finger glitten schnell über den Bildschirm und verbreitete das Bild an die gesamte Schule inklusive des Direktors. Marcels Magen knurrte heftig und die Galle stieg ihm in die Kehle. Das war eine Katastrophe.

»Genieße deinen neu gewonnenen Ruhm, Marcel«, spottete Selina und ihr Lachen hallte in seinen Ohren wider, als sie und ihre Freundinnen die Toilette verließen.

Marcel lehnte sich an die kalte Metallwand, wiegte seine pochende Leistengegend und kämpfte mit den Tränen. Er war für Selina und ihre Freundinnen nur ein Spielzeug gewesen, eine unwissentliche Schachfigur in ihrem grausamen Spiel. Der Gedanke, sich nach diesem Vorfall der Schule – und schlimmer noch, dem Direktor – zu stellen, war fast zu viel, um ihn zu ertragen.

Sein Verstand raste mit möglichen Konsequenzen, eine schrecklicher als die andere. Würden ihm weitere Konsequenzen drohen? Was werden seine Eltern dazu sagen? Im Moment konnte er jedoch nur auf die unvermeidlichen Folgen warten.

»Reiß dich zusammen, Marcel«, flüsterte er vor sich hin. »Du wirst das schon irgendwie überleben.«

Vor dem Büro des Direktors

Marcels Herz klopfte gegen seinen Brustkorb, als er auf einem der steifen Stühle vor dem Büro des Direktors saß und seine Hände in seinem Schoß zitterten. Die Luft war dick vor Spannung, die durch Selinas eisigen Blick, der von ihrem eigenen Platz ihm gegenüber auf ihn gerichtet war, noch verschlimmert wurde.

»Marcel Klein und Selina Heidenreich«, erklang die strenge Stimme des Direktors. »Kommen Sie bitte beide herein.«

Die Tür knarrte auf und gab den Blick frei auf die imposante Gestalt des Schuldirektors, der hinter seinem Pult stand. Marcel versuchte, den Kloß in seinem Hals herunterzuschlucken, als sie die Schwelle überquerten, der Duft von alten Büchern und Leder stieg ihm in die Nase.

»Bitte, nehmen Sie Platz«, deutete der Direktor auf zwei Stühle vor seinem Schreibtisch, sein Blick verweilte auf Marcel, als wolle er in seiner Seele lesen.

»Nach meinen Informationen«, begann der Direktor, während er einen Stapel Papiere auf seinem Schreibtisch hinschob, »waren Sie beide heute früh in einen Vorfall verwickelt. Und«, – er hielt inne und rückte seine Brille zurecht – der Kioskbesitzer kam plötzlich unerwartet ins Büro und berichtete auch von Wasserpfützen auf dem ganzen Boden, was mit Ihren Handlungen in Verbindung zu stehen scheint.

Marcels Gesicht brannte vor Scham, als er sich daran erinnerte, wie sie verzweifelt nach Eis gesucht haben und wie Jens Herrn Paschke erfolgreich abgelenkt hatte. Es schien, als wäre das nicht gut genug gewesen, um ihre Spuren vollständig zu verwischen.

»Stimmt das?«, fragte der Direktor, und sein Ton entbehrte jeder Wärme.

»Ja, Herr Direktor«, stammelte Marcel mit kaum hörbarer Stimme.

»Sprechen Sie, junger Mann«, forderte der Direktor.

»Ja, Herr Direktor«, sagte Marcel noch einmal, diesmal lauter.

»Typisches Marcel-Klein-Verhalten«, höhnte Selina und verschränkte die Arme. »Immer in Schwierigkeiten geraten.«

»Ruhig«, der Direktor unterbrach sie. »Sie sind in dieser Sache genauso schuldig.«

Einen Augenblick lang wurde es still im Raum, das einzige Geräusch war das Ticken der Uhr an der Wand hinter dem Schreibtisch des Direktors. Marcels Handflächen waren schweißnass und er ballte sie zu Fäusten, damit sie nicht zitterten.

»In Anbetracht der Umstände«, sagte der Direktor schließlich, »habe ich beschlossen, euch beide zwei Wochen Nachsitzen zu geben.«

»Zwei Wochen?«, keuchte Selina und ihre Augen weiteten sich ungläubig. »Aber es war doch nur ein Scherz!«

»Ihr Handeln hat Konsequenzen«, erwiderte der Direktor, ungerührt von ihrem Protest. »Du meldest dich nach der Schule in der Bibliothek, mit sofortiger Wirkung.«

»In Ordnung, Herr Direktor«, brachte Marcel hervor, und seine Stimme war kaum mehr als ein Flüstern.

»Gut«, nickte der Direktor. »Ihr könnt gehen.«

Als sie den Raum verließen, spürte Marcel, wie sich die Last des Urteils auf seinen Schultern lastete. Zwei Wochen Nachsitzen, gefangen im selben Raum wie Selina Heidenreich - das Mädchen, das ihn ohne zu zögern gedemütigt hatte. Bei dem Gedanken drehte sich ihm der Magen um.

»Glücklich, Klein?«, Selina zischte, als sie den Flur entlang gingen. »Dank dir darf ich nun auch Nachsitzen.«

»Du hast damit angefangen«, erwiderte Marcel und nahm das bisschen Mut zusammen, das ihm noch geblieben war. »Du hättest das Foto nicht machen müssen.«

»Wie auch immer«, spottete sie und verdrehte die Augen, bevor sie sich davonmachte.

Marcel sah ihr nach, denn er wusste, dass es in den nächsten zwei Wochen kein Entrinnen vor ihr geben würde. Eine seltsame Mischung aus Furcht und Neugier erfüllte ihn, als er sich fragte, was für ein Mensch Selina wirklich war. Und trotz allem, was geschehen war, konnte er nicht anders, als ein seltsames Gefühl der Vorfreude zu verspüren, als er das Geheimnis um Selina Heidenreich lüftete.

Marcel schlenderte durch die leeren Schulflure, seine Schritte hallten von den Wänden wider. Seine Gedanken rasten, als er die Ereignisse des Tages immer und immer wieder durchspielte. Der Stachel der Demütigung brannte immer noch, als er sich daran erinnerte, wie Selina ihn grausam vor allen in der Schule bloßgestellt hatte.

»Verdammt«, murmelte er leise und ballte die Fäuste.

»Hey, Marcel!«, rief eine Stimme und durchbrach seine Gedanken. Er blickte auf und sah Jens auf sich zukommen, Besorgnis stand ihm ins Gesicht geschrieben. »Geht es dir gut, Mann? Ich habe gehört, was mit Selina passiert ist.«

»Ja, mir geht es gut«, antwortete Marcel zögernd und versuchte, selbstbewusster zu klingen, als er sich fühlte. »Nur... peinlich, schätze ich.«

»Mann, das Mädchen hat Nerven«, fuhr Jens kopfschüttelnd fort. »Aber mach dir keine Sorgen. Wir halten dir den Rücken frei.«

»Danke, Jens«, brachte Marcel ein schwaches Lächeln hervor und freute sich über die Unterstützung seines Freundes.

»Die zwei Wochen Nachsitzen werden auch vorbei gehen.« sagte Jens, ehrlich klingend mit Mitgefühl.

»Es wird schon irgendwie werden«, erwiderte Marcel und rieb sich den Nacken. »Ich denke, ich werde einfach versuchen, ihr so weit wie möglich aus dem Weg zu gehen.«

»Viel Glück dabei«, schmunzelte Jens. »Das Mädchen scheint Ärger zu machen. Aber hey, vielleicht könnt ihr beide das noch miteinander hinkriegen. Es sind schon merkwürdigere Dinge passiert, nicht wahr?«

»Richtig«, sagte Marcel, obwohl er sich nicht ganz sicher war, ob er es selbst glaubte. Trotzdem konnte er nicht leugnen, dass Selina Heidenreich etwas Faszinierendes an sich hatte. Sie war mutig, kompromisslos und so anders als alle, die er je gekannt hatte. Es gab einen Teil von ihm, der sie verstehen wollte - herausfinden wollte, warum sie sich so verhielt, wie sie es tat, und was sich hinter dieser harten Fassade verbirgt.

»Wie auch immer, ich sollte mich auf den Weg machen«, sagte Jens, als er die Zeit bemerkte. »Wir sehen uns, Marcel. Und mach dir nicht zu viele Sorgen um Selina, okay?«

»Okay«, stimmte Marcel zu und sah zu, wie sein Freund im Flur verschwand.

Als er seinen Weg fortsetzte, musste Marcel unweigerlich an die zwei Wochen Nachsitzen denken, die vor ihm lagen.

Er wusste, dass es nicht einfach werden würde, und es würde zweifellos Momente geben, in denen er sich wünschte, er könnte Selinas Gegenwart ganz entkommen. Aber gleichzeitig sprudelte ein seltsames Gefühl der Vorfreude in ihm auf - ein Wunsch, die Schichten abzuschälen und die Wahrheit hinter dem rätselhaften Mädchen zu entdecken, das seine Welt auf den Kopf gestellt hatte.

»Auf zwei interessante Wochen«, murmelte Marcel vor sich hin und stählte seine Entschlossenheit, während er sich auf die bevorstehenden Wochen vorbereitete.

Der erste Kuss

Marcel Klein war sehr besorgt darüber, ob die gesamte Schule wirklich von dem Vorfall wusste, der sich vor den zwei Wochen Nachsitzen ereignete. Sein Herz pochte wie ein Presslufthammer in seiner Brust, als er darauf wartete, dass die letzten Sekunden des Nachsitzens endlich zu Ende gingen.

»Hey«, durchbrach Selinas Stimme die Stille wie ein Messer und ließ Marcel erschrecken. Ihre Augen waren niedergeschlagen, ihre Hände zappelten mit dem Riemen ihrer eigenen Tasche. »Ich wollte mit dir reden.«

»Äh, ja.«, richtete Marcel sich auf und versuchte, selbstbewusster zu wirken, als er sich fühlte. »Klar, was ist los?«

»Schau, es tut mir wirklich leid, was passiert ist«, sagte Selina und ihre Wangen röteten sich vor Verlegenheit. »Ich hätte mich nicht so verhalten sollen, wie ich es getan habe, und ich wollte mich entschuldigen.«

Sie hat auch die Chance genutzt und hat sich im Namen ihres Bruders, Stefan Heidenreich, für sein unhöfliches Verhalten während des Fußballspiels entschuldigt.

Marcels Kehle wurde trocken und er rang nach Worten, um zu antworten. Er spürte die Aufrichtigkeit ihrer Entschuldigung, aber er konnte die Erinnerung an die Demütigung, die sie ihm zugefügt hatte, nicht loswerden. Er fuhr sich mit der Hand durchs Haar und versuchte, seine Gedanken zu sammeln.

»Ähm, danke«, brachte er schließlich hervor. »Das bedeutet mir sehr viel.«

»Hör zu, ich weiß, dass es einige Zeit dauern wird, das Vertrauen zwischen uns wiederherzustellen, aber ich möchte mit dir befreundet sein.«, fuhr Selina fort und ihr Blick traf schließlich den von Marcel. »Wenn du bereit bist, mir eine Chance zu geben.«

Marcel zögerte, seine Gedanken rasten vor Unsicherheit. Es wäre so einfach, einfach wegzugehen. Aber da war etwas in Selinas Augen, das ihn innehalten ließ, eine Verletzlichkeit, die er noch nie zuvor gesehen hatte.

»Okay«, sagte er langsam, und sein Herz klopfte vor Aufregung und Angst. »Ich bin bereit, dir eine zweite Chance zu geben.«

»Wirklich?«, Selinas Gesicht erhellte sich mit einem Lächeln und Marcel spürte ein Aufflackern von Wärme in seiner Brust. »Danke, Marcel. Ich verspreche dir, dass ich dich nicht im Stich lassen werde.«

»Hoffen wir es«, erwiderte er mit einem schwachen Lächeln.

Selina streckte Marcel die Hand entgegen, die Handfläche offen und einladend. Die Geste war einfach, aber sie trug das Gewicht ihrer gemeinsamen Geschichte und der Möglichkeit einer besseren Zukunft in sich. Marcel starrte eine gefühlte Ewigkeit auf ihre ausgestreckte Hand, seine Gedanken überschlugen sich in einem chaotischen Durcheinander.

»Freunde?«, fragte Selina mit kaum mehr als einem Flüstern.

»Freunde«, stimmte Marcel zu und streckte schließlich die Hand nach ihr aus. Als sie sich die Hände schüttelten, spürte Marcel, wie die Last der Vergangenheit von seinen Schultern fiel und Platz für etwas Neues und Unbekanntes machte. Und obwohl er nicht vorhersagen konnte, was vor ihm lag, wusste er, dass es sich lohne, diese Chance zu ergreifen.

Zwei Tage später kam Marcels Atem in zackiges Keuchen, als er durch den Schulflur sprintete und sein Rucksack heftig gegen ihn prallte. Er fluchte leise auf seinen Wecker, weil er heute Morgen nicht geläutet hatte. Angst machte sich in seinem Magen fest, als er sich der Tür der Turnhalle näherte, denn er wusste, dass eine Verspätung nur noch mehr Gerüchte und Gerüchte über sein kürzliches Nachsitzen anheizen würde.

»Marcel!«, rief eine vertraute Stimme, als er gerade die Tür erreichte. Erschrocken hielt er inne und drehte sich zu Selina um, deren Wangen vom Laufen ebenfalls gerötet waren. Ihr dunkles Haar hatte sie hastig zu einem Pferdeschwanz gebunden, was die Aufrichtigkeit in ihren Augen betonte. Es schien, als hätte ihre neu gewonnene Freundschaft ihnen bereits etwas gemeinsam: Verspätung.

»Hey, Selina«, keuchte Marcel und versuchte, wieder zu Atem zu kommen. »Auch zu spät?«

»Wecker hat nicht geklingelt«, gestand sie und verdrehte die Augen. »Ich schwöre, es ist, als hätte der Wecker seinen eigenen Kopf.«

»Erzähl mir davon«, stimmte Marcel zu, und ein unbehagliches Schmunzeln entfuhr ihm. Das gemeinsame Erlebnis bot eine Brücke zwischen ihnen, und er zögerte und fragte sich, ob er noch mehr sagen sollte. Bevor er sich entscheiden konnte, brach Selina das Schweigen.

»Komm, lass uns endlich reingehen, bevor wir noch mehr Ärger bekommen.«, sie deutete mit einem leichten Lächeln auf die Tür der Turnhalle.

Als sie gemeinsam die laute Turnhalle betraten, drang die Kakophonie aus quietschenden Turnschuhen und hüpfenden Basketbällen an Marcels Ohren. Sein Herz klopfte, als er sich unter den prüfenden Blicken seiner Klassenkameraden bloßgestellt fühlte. Selina jedoch schien von der Aufmerksamkeit unbeeindruckt zu sein und schritt selbstbewusst voran.

»Hey, ich möchte, dass du jemanden kennenlernst«, sagte sie, packte Marcel am Arm und führte ihn in eine Ecke der Turnhalle, wo ein Mädchen stand, das Jens verblüffend ähnlich sah. Ihr kurzes, lockiges Haar umrahmte ihr Gesicht und betonte ihre leuchtend grünen Augen.

»Denise!«, rief Selina und winkte dem Mädchen zu. Denise blickte auf und ihre Augen weiteten sich vor Überraschung, als sie Marcel sah.

»Marcel Klein?«, fragte sie mit einer Mischung aus Unglauben und Neugier. »Ich habe so viel von dir gehört!«

»Äh, hallo«, stammelte Marcel und spürte, wie ihm die Hitze in die Wangen stieg. Er fragte sich, welche

Geschichten sie gehört hatte – und von wem. Selina schien sein Unbehagen zu spüren und schritt ein.

»Denise ist Jens' jüngere Schwester«, erklärte sie sanft und beruhigend. »Ihr beide solltet euch kennenlernen.«

»Schön, dich kennenzulernen«, sagte Denise mit einem aufrichtigen Lächeln. »Jens hat dich schon ein paar Mal erwähnt. Es ist cool, dem Namen endlich ein Gesicht zu geben.«

»Ebenso«, antwortete Marcel mit einer Mischung aus Erleichterung und Beklommenheit. Er wusste, dass es ein zweischneidiges Schwert sein konnte, Freunde zu finden, dass ihn sowohl Akzeptanz als auch Verurteilung aussetzte. Aber als er Selina und Denise ansah, konnte er nicht anders, als einen Hoffnungsschimmer zu spüren, dass es dieses Mal anders sein könnte.

Marcel verlagerte sein Gewicht von einem Fuß auf den anderen, sein Blick wanderte zwischen Selina und Denise hin und her. Seine Neugierde wurde durch Denises Wiedererkennung geweckt und er konnte nicht anders, als zu fragen: »Woher weißt du meinen Namen?«

»Jens redet manchmal über dich«, gab Denise mit einem Achselzucken zu und ihre grünen Augen wichen nicht von Marcels Gesicht.

»Wirklich?«, fragte Marcel und versuchte, ihre Verbindung zu verstehen. Er hatte nicht viel mit Jens gesprochen, vor allem wegen seiner eigenen Schüchternheit. »Aber warum?«

»Hey, wir sollten uns allmählich für den Sportunterricht umziehen«, unterbrach Selina ihn und stieß die Tür der Umkleidekabine klirrend auf. »Ihr könnt euch später unterhalten.«

Als die Mädchen in der Umkleidekabine verschwanden, blieb Marcel im Flur stehen, seine Neugier war unbefriedigt. Er lehnte sich an die kalte Wand, seine Gedanken rasten vor Fragen. Was hat Jens über ihn gesagt? Wie nah standen sich Denise und Jens?

»Marcel«, flüsterte Selina, als sie aus der Umkleidekabine spähte, und ihre Augen funkelten vor Schadenfreude. »Ich habe Neuigkeiten für dich.«

»Neuigkeiten«, fragte Marcel, sein Herz klopfte in seiner Brust und er befürchtete das Schlimmste.

»Denise ist in dich verknallt«, verriet Selina mit kaum hörbarer Stimme. Ein verspieltes Lächeln zuckte um ihre Mundwinkel.

»Warte mal... Wie bitte?«, stammelte Marcel, und Hitze überflutete seine Wangen. Er spürte, wie seine Handflächen schweißnass wurden, was seine Nervosität verriet.

»Ja, es stimmt«, bestätigte Selina und nickte. Sie hielt einen Moment inne und sah nachdenklich aus. »Willst du, dass ich sie frage, ob du sie küssen darfst?«

Marcels Verstand wurde leer, seine Gedanken zerstreuten sich wie Blätter, die sich im Wind verfangen. Die Idee, Denise – oder irgendjemanden sonst – zu küssen, war ihm noch nie in den Sinn gekommen. Aber als er darüber nachdachte, konnte er das seltsame Flattern in seinem Magen nicht leugnen.

»Ähm, sicher?«, zögerte Marcel, unsicher, wie er sich in diesem unbekannten Terrain zurechtfinden sollte. Er warf einen Blick auf seine Turnschuhe und spürte plötzlich jeden schnellen Herzschlag, jeden flachen Atemzug.

»In Ordnung«, sagte Selina mit entschlossener Stimme. »Ich werde sie fragen.«

Als Selina wieder in der Umkleidekabine verschwand, versuchte Marcel zu verarbeiten, was gerade passiert war. In seinem Kopf schwirrte eine Mischung aus Aufregung und Angst, Vorfreude kämpfte mit Angst. Eines war sicher: Das Leben würde noch unberechenbarer werden, als er es sich je hätte vorstellen können.

»Okay«, stimmte Marcel zu, seine Stimme war kaum ein Flüstern. Er spürte, wie sich die Last dieser Entscheidung auf seinen Schultern lastete, schwer und ungewohnt. Aber es hatte auch etwas Aufregendes, als würde er in eine Welt eintreten, die er bisher nur aus der Ferne gesehen hatte.

»Warte hier«, wies Selina ihn an und ihre Augen leuchteten vor Entschlossenheit, als sie sich umdrehte, um wieder in die Umkleidekabine zu gehen. »Schließ deine Augen und sei bereit.«

Marcel schluckte schwer und nickte. Als die Tür hinter Selina ins Schloss fiel und das Geräusch durch den leeren Flur hallte, atmete er tief durch und schloss die Augen. Die Dunkelheit vermittelte ihm ein seltsames Gefühl der Ruhe, als wäre er in seiner eigenen kleinen Welt eingehüllt – sicher vor Verurteilung, vor Spott, vor Versagen. Das Einzige, was es gab, war er, Denise und die Möglichkeit eines Kusses, der alles verändern würde.

Marcels Herz pochte in seiner Brust und seine Augen waren zusammengekniffen, als er sich nach vorne beugte und darauf wartete, dass Denise seine Lippen sanft streiften. Die Vorfreude jagte ihm einen Schauer über den Rücken, jede Sekunde fühlte sich an wie eine Ewigkeit.

Er hörte aufmerksam zu und bemühte sich, auch nur eine Spur von einem Gespräch zwischen Selina und Denise zu erhaschen. Aber alles, was er hören konnte, war das dumpfe Klopfen seines eigenen Herzens, das in seiner Brust pochte und alles andere übertönte. Es fühlte sich an, als wäre die Zeit stehen geblieben, jede Sekunde dehnte sich in eine Ewigkeit aus, während er wartete.

Endlich drang ein leises Stimmengemurmel an sein Ohr. Sie waren zu leise, um Worte zu verstehen, aber das Geräusch reichte aus, um Adrenalin durch seine Adern schießen zu lassen. Das war er – der Moment, vor dem er sich gefürchtet und nach dem er sich gesehnt hatte. Eine Million verschiedener Szenarien spielten sich in seinem Kopf ab, eines nervenaufreibender als das andere.

Plötzlich hörte Marcel Schritte, die sich der Tür näherten. Er hielt den Atem an, jeder Muskel seines Körpers spannte sich vor Erwartung an. In diesem Augenblick fühlte es sich an, als würde die ganze Welt mit ihm den Atem anhalten und auf das Ergebnis dieses kurzen, gestohlenen Moments warten.

Die Tür knarrte auf, und Frau Heinemann, die Sportlehrerin war, durchschnitt die Stimme wie ein Messer durch die Stille.

»Denise Radler, was machst du da?«, fragte Frau Heinemann mit scharfer und schriller Stimme.

Erschrocken riss Marcel die Augen auf, als eine Gestalt vor ihm auftauchte. Er handelte instinktiv und glaubte, dass Denise ihm entgegenkam. Ohne nachzudenken, presste er seine Lippen auf die der ahnungslosen Sportlehrerin.

Sobald sich ihre Lippen trafen, erkannte Marcel seinen kolossalen Fehler. Die Textur der spröden Lippen von Frau Heinemann und der schwache Duft von Pfefferminze waren weit von dem entfernt, was er sich vorgestellt hatte. Er zog sich beschämt zurück, nur um von Frau Heinemanns wütendem Blick empfangen zu werden.

»Herr Klein!«, schnauzte sie und ihre Hand flog nach oben, um ihm ins Gesicht zu schlagen. Die stechende Ohrfeige hallte durch den Flur und von den Spinden wider. »Wie kannst du es wagen?«

»Frau Heinemann, es tut mir leid«, stotterte Marcel und strich sich über die gerötete Wange. »Ich dachte, Sie wären…«

»Sparen Sie sich Ihre Ausreden«, brach ihn Frau Heinemann ab. Sie richtete ihren eisigen Blick auf die Tür der Umkleidekabine, wo Selina und Denise nun mit weit aufgerissenen Augen und schlaffen Kiefern standen.

»Habt ihr ihn dazu gebracht?«, fragte sie und ihre Augen verengten sich zu den Mädchen.

»Äh, n-nein«, murmelte Denise, und ihre frühere Zuversicht war verflogen. Selina schwieg, ihr Gesichtsausdruck war völlig schockiert.

»Kommen Sie mit, Herr Klein. Wir gehen jetzt ins Büro des Direktors.«

Frau Heinemanns Griff um Marcels Arm war wie ein Schraubstock, ihre Nägel gruben sich in seine Haut, als sie ihn den Flur hinauf über die Treppe zum Büro des Direktors führte. Der Linoleumboden quietschte unter ihren hastigen Schritten, hallte von den Wänden wider und machte die Stille noch unerträglicher. Marcels Gesicht brannte vor Demütigung, seine Wangen fühlten sich heiß an.

»Warten Sie hier«, befahl Frau Heinemann, löste ihren Griff um seinen Arm und ließ ihn vor der Tür des Direktors stehen. Marcel rieb sich an der wunden Stelle an seinem Arm und versuchte, vor Schmerz nicht zusammenzucken.

»Reiß dich zusammen, Marcel«, dachte er und atmete tief durch, um sein rasendes Herz zu beruhigen. »Du wirst das schon irgendwie überstehen.«

Minuten später kam Frau Heinemann wieder aus dem Büro, gefolgt von der ernsten Miene des Schuldirektors. Marcel richtete seine Haltung auf und schluckte schwer, als der Direktor ihn mit einem unnachgiebigen Blick fixierte.

»Herr Klein«, begann der Direktor mit leiser und gemessener Stimme, »das ist eine ernste Angelegenheit. Ich fürchte, wir haben keine andere Wahl, als Ihre Eltern herzuberufen.«

Marcels Magen drehte sich bei diesen Worten zusammen, und die Angst sammelte sich in seiner Magengrube. Er konnte nur nicken, konnte seine Stimme nicht wiederfinden.

»Sehr gut«, sagte der Direktor und verschwand wieder in seinem Büro, um den Anruf zu tätigen.

»Stellen Sie sich aufrecht hin, Herr Klein. Sie haben sich das selbst eingebrockt.« Frau Heinemann ermahnte ihn mit kaltem und unversöhnlichem Blick.

Die Bitterkeit des Bedauerns füllte seinen Mund, und er wünschte sich verzweifelt, die Zeit zurückdrehen zu können und sein Unrecht wiedergutmachen zu können.

Der Direktor rief sofort Marcels Eltern an, innerhalb einer Viertelstunde kamen sie in der Schule an.

Als sich die Tür zum Büro des Direktors wieder öffnete, erschien Marcels Vater, der zu gleichen Teilen besorgt und verärgert aussah. Marcel empfand eine Mischung aus Erleichterung und Scham über die Anwesenheit seines Vaters, denn er wusste, dass er ihn im Stich gelassen hatte.

»Marcel«, sagte sein Vater und runzelte die Stirn, als er sich näherte. »Was ist passiert?«

»Herr Klein, ihr Sohn hat entschieden, dass es angemessen wäre, mich ohne meine Zustimmung zu küssen«, warf die Sportlehrerin ein und verschränkte die Arme vor der Brust.

»Marcel, ist das wahr?«, fragte sein Vater, und die Enttäuschung stand ihm ins Gesicht geschrieben.

»Marcel, was um alles in der Welt hast du dir dabei gedacht?«, fragte Marcels Vater und runzelte verwirrt die

Stirn, als sie im Büro des Direktors zusammensaßen. Sein Vater hatte immer diese ruhige Gelassenheit an sich, die Marcel jetzt noch schlechter fühlen ließ.

Marcels Vater versuchte schließlich, die Wogen ein wenig zu glätten, indem er sagte: »Als ich zur Schule ging, habe ich so etwas gemacht, als ich 15 Jahre alt war. Aber warum mein Junge schon mit 13 Jahren so etwas macht, ist mir ein Rätsel. Vor allem bei mir war es damals eine Schülerin und keine Lehrerin. Ich denke, das nennt man heutzutage "frühreif" und "modern".«

»Ich... Ich weiß es nicht, Papa«, gab Marcel zu und wich dem Blick seines Vaters aus, während er auf seine zappelnden Hände starrte. Die Wahrheit war, dass er es selbst nicht ganz verstehen konnte. Wie konnte er nur so leichtsinnig sein?

»Mein Sohn, du weißt es besser, als so zu handeln«, seufzte Marcels Vater und rieb sich mit der Hand über das Gesicht. »Das bist nicht du, Marcel.«

»Glaub mir, Papa, ich wollte nicht, dass es so kommt«, beharrte Marcel und seine Kehle schnürte sich vor Rührung zusammen. Er spürte, wie die Enttäuschung seines Vaters schwer auf ihm lastete, und es tat mehr weh als die Ohrfeige selbst.

Er wandte sich an die Sportlehrerin und den Direktor, und sein Gesichtsausdruck wurde weicher. »Es tut mir wirklich leid für das Verhalten meines Sohnes. Es ist unentschuldbar, aber ich versichere Ihnen, dass wir es zu Hause ansprechen werden.«

Frau Heinemann schürzte unbefriedigt die Lippen, nickte aber zustimmend.

»Wie dem auch sei«, sagte Marcels Vater mit fester, aber sanfter Stimme, »wir werden die Konsequenzen deines Handelns tragen müssen. Ich weiß, dass du besser bist als das, Marcel. Denk nur daran.«

Der Direktor hob sichtlich unbeeindruckt eine Augenbraue, während die Sportlehrerin von der Anekdote für einen Moment entwaffnet wirkte.

»Wie dem auch sei«, sagte der Direktor knapp, »wir müssen uns immer noch mit den Folgen des Handelns Ihres Sohnes auseinandersetzen.«

»Verstanden«, antwortete Marcels Vater mit fester, aber einfühlsamer Stimme. Er klopfte Marcel beruhigend auf die Schulter, bevor er sich zum Gehen umdrehte und signalisierte, dass es an der Zeit war, sich dem zu stellen, was sie als nächstes erwartete.

Marcels Herz sank, als der Rektor seine Strafe verkündete: Zwei Wochen Nachsitzen. Das Gewicht der Enttäuschung legte sich auf seine Brust und machte ihm das Atmen schwer. Er konnte sich des Gefühls nicht erwehren, dass er seinen Vater sehr enttäuscht hatte.

»Danke für Ihr Verständnis«, sagte Marcels Vater und schüttelte dem Direktor die Hand. »Wir werden dafür sorgen, dass so etwas nicht noch einmal passiert.«

Als sie das Büro verließen, erhaschte Marcel einen Blick auf Selina und Denise, die ängstlich im Flur warteten. Ihre

Blicke trafen sich kurz, bevor sein Vater ihn wegführte und sie zurückließ.

Die letzte Glocke hatte längst geläutet, als Marcel mit einem Gefühl der Niederlage aus dem Schulgebäude trat. Seine Schultern sackten unter dem Gewicht seines Rucksacks und den schweren Folgen seines Handelns zusammen. Die kalte Herbstluft nagte an seiner Haut und holte ihn in die Realität zurück. Als er über den Hof ging, knirschten die Blätter unter seinen Füßen.

»Hey, Marcel!«, rief Selina von hinten, ihre Stimme klang wie ein Glas Eiswasser an einem heißen Sommertag. Er drehte sich um, überrascht, dass sie nach allem, was passiert war, mit ihm sprechen wollte. Das Sonnenlicht, das durch die Flurfenster fiel, verfing sich in ihrem Haar und ließ es wie einen Heiligenschein glänzen. Sie näherte sich ihm mit einem zaghaften Lächeln, und für einen Augenblick war Marcel von ihrer Schönheit beeindruckt.

»Äh, hey«, stammelte Marcel und rang nach Worten. »Was ist los?«

»Schau, ich weiß, dass es vorhin ziemlich unangenehm für dich wurde«, begann Selina und steckte sich eine Haarsträhne hinters Ohr. »Aber ich wollte sagen... nun, es tut mir leid, was dir vorhin passiert ist.«

»Danke«, erwiderte Marcel und rieb sich den Nacken. »Ich denke, es ist nicht deine Schuld. Ich hätte vorsichtiger sein sollen.«

»Vielleicht«, stimmte Selina zu und ihr Blick wurde weicher, als sie ihn ansah. »Wir alle machen Fehler, oder?«

»Richtig«, seufzte Marcel und spürte, wie sich seine Wangen vor Verlegenheit röteten. Innerlich tadelte er sich selbst dafür, dass er so töricht war, dass er sich von seinen Gefühlen überwältigen ließ. Aber vielleicht hatte Selina ja recht. Vielleicht war das nur eine dieser Lektionen fürs Leben, die er auf die harte Tour lernen musste.

»Wie auch immer«, fuhr Selina fort und schob ihren Rucksack auf die andere Schulter. »Denise will mit dir unbedingt nach der Schule reden.«

»Wirklich?«, Marcels Herz flatterte bei dem Gedanken, ein Funken Hoffnung erwachte in ihm zum Leben.

»Ja«, bestätigte Selina mit einem Nicken. »Sie wird bei den Fahrradständern auf dich warten.«

»Danke, Selina«, sagte Marcel, und seine Stimmung hob sich ein wenig. Er war dankbar für ihre Freundlichkeit und ihr Verständnis, besonders in all dem Chaos. Und als er sie weggehen sah, konnte er nicht anders, als sich zu fragen, ob diese unerwartete Begegnung in der Zukunft zu etwas Größerem führen würde.

»Viel Glück, Marcel«, rief Selina über ihre Schulter und winkte, bevor sie um die Ecke verschwand.

»Danke«, flüsterte Marcel und wappnete sich für das bevorstehende Treffen mit Denise. Mit jedem Schritt, den er in Richtung der Fahrradständer machte, verblasste die Erinnerung an die Ohrfeige und die Demütigung, die darauffolgte, und er begann zu glauben, dass er vielleicht, nur vielleicht, aus dieser Situation herauskommen könnte.

Mit einer neu gewonnenen Entschlossenheit bahnte sich Marcel seinen Weg durch den Fahrradpark der Schule, sein Herz klopfte in seinen Ohren. Während er sich durch das Meer von Schülern navigierte, versuchte er, die anhaltende Enttäuschung abzuschütteln, die wie ein Schatten an ihm klebte. Er spielte sein Gespräch mit Selina in Gedanken noch einmal durch, in der Hoffnung, dass es seine Nerven beruhigen und ihn auf das vorbereiten würde, was ihn an den Fahrradständern erwartete.

Schließlich traf Marcel auf Denise, die auf ihn wartete, wie ihm gesagt wurde.

»Hi«, näherte er sich, setzte sich und erwiderte ein kleines, angespanntes Lächeln. Die Last seiner Entscheidung lastete auf seinen Schultern, aber er wusste, dass es das Beste war. »Ich bin froh, dass wir uns treffen konnten.«

»Ich auch«, sagte sie und ihre Finger spielten nervös mit dem Riemen ihres Rucksacks. »Ich habe mich darauf gefreut, Dich nach dem schrecklichen Vorfall, der sich vorhin ereignet hat, endlich kennenzulernen.«

Marcel nickte und warf Denise einen verstohlenen Blick zu. Ihr gewelltes Haar umrahmte wunderschön ihr Gesicht, während ihre grünen Augen vor echtem Interesse glänzten. Es war nicht zu leugnen, dass sie attraktiv war, aber der Funke, den er einst verspürt hatte, wenn er an sie dachte, war verblasst und durch ein neu entdecktes Gefühl der Selbsterkenntnis und des Wachstums ersetzt worden.

»Denise«, begann er, wählte seine Worte mit Bedacht und atmete tief durch. »Ich möchte ehrlich zu dir sein. Der

Vorfall vorhin war überhaupt nicht deine Schuld, aber ich hätte einfach vorsichtiger sein müssen. Als wir unseren ersten Kuss planten, war ich begeistert von der Idee, dass wir mehr als nur Freunde sein könnten.«

Ihre Augen weiteten sich leicht, aber sie schwieg, um ihm Raum zu geben, fortzufahren.

»Aber in letzter Zeit«, gestand Marcel, als er spürte, wie sich ein Knoten in seinem Magen zusammenzog, »haben sich meine Gefühle verändert. Ich glaube nicht, dass es im Moment das Beste für mich ist, eine romantische Beziehung zu führen.« Er sah sie entschuldigend an, in der Hoffnung, dass sie es verstehen würde.

Ihr Gesichtsausdruck wurde weicher und sie wandte den Blick für einen Moment ab, um seine Worte zu verarbeiten. Dann atmete sie langsam aus und drehte sich wieder zu ihm um. »Ich schätze deine Ehrlichkeit, Marcel«, sagte sie mit fester und reifer Stimme. »Es ist besser, wenn wir beide wissen, woran wir sind.«

»Danke für dein Verständnis«, antwortete er, und eine Welle der Erleichterung überschwemmte ihn. »Ich hoffe aber, dass wir Freunde sein können.«

»Natürlich«, stimmte sie zu, und ihr Lächeln kehrte zurück, wenn auch gedämpfter. »Freunde kann man nie genug haben.«

Als sie zusammen auf der Bank saßen und die Sonne lange Schatten über den Schulhof warf, wusste Marcel, dass er die richtige Entscheidung getroffen hatte. Es ging nicht darum, vor möglichen Schmerzen oder Peinlichkeiten davonzulaufen. Es ging darum, sein persönliches Wachstum anzunehmen und sich selbst treu zu bleiben.

Und als sie sich unter dem Blätterdach aus orangefarbenen und roten Blättern über ihre gemeinsamen Interessen unterhielten, konnte Marcel sich des Gefühls nicht erwehren, dass alles gut werden würde – nicht nur für ihn selbst, sondern auch für die Freundschaft, die er mit Denise aufbaute.

Nanu, was ist jetzt los?

Etwa eine Woche später bei Heidenreich zu Hause. Stefan Heidenreich stand vor dem Badezimmerspiegel und fuhr sich mit den Fingern durch die akribisch gestylten Haare. Der Duft von Haargel stieg ihm in die Nase, als er sein Spiegelbild mit einem zufriedenen Grinsen betrachtete. Als geborener Angeber verbrachte Stefan außergewöhnlich viel Zeit damit, sein Äußeres zu perfektionieren. Der heutige Tag war keine Ausnahme.

Seine Gedanken wurden von einem ungewohnten Gefühl in seiner unteren Hälfte unterbrochen, das ihn dazu veranlasste, nach unten zu blicken. Mit erschrocken weit aufgerissenen Augen bemerkte er, wie eine weiße Flüssigkeit aus seinem Penis lief. Panik packte ihn, als sein Herz in seiner Brust hämmerte. Was war los?

»Mama! Papa!«, rief er mit angsterfüllter Stimme.

Das Geräusch schneller Schritte hallte von oben wider, als Stefans Mutter mit schriller und besorgter Stimme rief. »Stefan, wo bist du?«

»Ich bin im Badezimmer!«, antwortete er und versuchte, seinen Ton ruhig zu halten, obwohl ihn der Schrecken durchströmte.

Während Stefan auf die Ankunft seiner Eltern wartete, konnte er nicht anders, als sich zu fragen, was diese mysteriöse Substanz war. War es gefährlich? Stimmte etwas nicht mit ihm? Tausend Fragen gingen ihm durch den Kopf, eine beunruhigender als die andere. Er schloss die Augen und versuchte, sich auf die kühlen Fliesen unter seinen nackten

Füßen und das Brummen des Badezimmerventilators zu konzentrieren, in der Hoffnung, seine Nerven zu beruhigen.

»Stefan, ich bin auf dem Weg!«, dröhnte Papa Heidenreichs Stimme aus dem Flur, als er seinem Sohn zu Hilfe eilte. Die Badezimmertür schwang knarrend auf und gab den Blick frei auf das besorgte Gesicht von Stefans Vater mit sorgenvoll gerunzelter Stirn.

»Mein Sohn, was ist los?«, fragte er und suchte Stefan nach Anzeichen einer Verletzung.

Schwer schluckend zwang sich Stefan, dem Blick seines Vaters zu begegnen. »Papa, da ist das... weiße Flüssigkeit«, stammelte er und deutete auf die Substanz, seine Wangen röteten sich vor Verlegenheit. »Was ist das?«

Papa Heidenreichs Gesichtsausdruck wurde weicher, als ihm das Verständnis dämmerte. Er legte eine Hand auf Stefans Schulter und drückte sie beruhigend. »Das ist nichts, wovor man Angst haben müsste, Stefan. Das ist ein normaler Teil des Erwachsenwerdens.«

Stefan taumelte immer noch und konnte nicht anders, als sich auf den warmen Druck der Hand seines Vaters zu fixieren, auf das Gefühl, das ihn inmitten des Chaos seiner Gedanken erdete. »Aber warum gerade jetzt?«, platzte es aus ihm heraus, und seine Stimme brach unter der Last seiner Verwirrung. »Ich bin zwölf, hätte das nicht erst später passieren sollen?«

»Jeder entwickelt sich in seinem eigenen Tempo«, erklärte Papa Heidenreich sanft und seine blauen Augen voller Empathie. »Du erlebst das nur ein bisschen früher als einige deiner Altersgenossen, und das ist in Ordnung.«

»Stefan«, fuhr Papa Heidenreich mit ruhiger Stimme fort, »was du siehst, ist Sperma. Es ist ein Zeichen dafür, dass dein Körper reift und erwachsen wird.« Das Gesicht seines Vaters enthielt kein Urteil, nur das Mitgefühl eines Mannes, der diesen Initiationsritus selbst erlebt hatte.

Die Worte hingen wie ein unsichtbarer Faden in der Luft und banden Stefan an die Realität seiner neu gewonnenen Reife. Der Raum schien sich um ihn herum zu schließen, seine einst vertraute Enge war nun schwer mit Implikationen, die er noch nicht einmal ansatzweise ergründen konnte.

»Geschlechtsreif?«, fragte Stefan, biss dabei auf seine Lippen. Er spürte, wie die Last der Erwartung auf seinen Schultern lastete und wie ein bleierner Mantel auf ihn drückte. Was bedeutete es, geschlechtsreif zu sein? Sollte er Dinge wissen, Dinge tun, die er vorher nicht einmal in Betracht gezogen hatte?

Mit einem Schreck bemerkte Stefan, dass er immer noch seine Hose in einer Hand hielt, der Stoff zerknittert und feucht. Entschlossen, einen Anschein von Normalität wiederzuerlangen, zog er sie wieder über seine Hüften hoch, wobei seine Finger an Knopf und Reißverschluss herumfummelten.

»Danke, Papa«, murmelte er, unfähig, den Augen seines Vaters zu begegnen. Er musste fliehen, um diese monumentale Veränderung in seinem Selbstverständnis zu verarbeiten.

»Stefan, warte ...«, begann Papa Heidenreich, aber Stefan war schon aus der Tür und stampfte mit den Füßen auf den Parkettboden, als er auf Selinas Zimmer zu rannte. Selina, seine Schwester, die seine Vorliebe für Unfug und Abenteuer teilte. Sie würde es verstehen, das tat sie immer.

»Selina!«, platzte er in ihr Zimmer, atemlos von seinem Sprint. »Du glaubst gar nicht, was gerade passiert ist!«

Seine Schwester blickte von ihrem Buch auf und zog neugierig die Augenbrauen hoch. »Was ist los?«

»Okay, so«, zögerte Stefan, als er sich plötzlich der Intimität dessen bewusst wurde, was er gleich mitteilen wollte. Aber das war Selina, seine Vertraute und Komplizin. Sicher würde sie ihn nicht verurteilen. »Ich bin... geschlechtsreif."

»Wow, wirklich?«, antwortete Selina mit neutralem Tonfall, während sie die Informationen verarbeitete.

»Ja«, atmete Stefan aus und spürte, wie sich seine Wangen bei dem Eingeständnis erhitzten. Er machte eine Pause und platzte dann heraus: »Also, willst du, äh, mir helfen, mehr darüber herauszufinden? Gibst Du mir vielleicht einen Blowjob?«

»Stefan, bist du verrückt?«, Selinas Augen weiteten sich ungläubig und ihr Mund öffnete sich, als sie versuchte, den schockierenden Satz ihres Bruders zu verarbeiten.

»Äh ... I...«, stammelte Stefan, und sein Gesicht färbte sich tief purpurrot. Mit dieser Reaktion hatte er von Selina nicht gerechnet. Er dachte, sie stünden sich nahe genug, dass sie ihn nicht verurteilen würde. Sein Herz klopfte in seiner Brust und er spürte die Hitze, die von seinem Gesicht ausging.

»Verschwinde!«, Selina deutete mit fester und entschlossener Stimme auf die Tür. Ihr Gesichtsausdruck war angewidert, und es fühlte sich wie eine Ohrfeige für Stefan an. Der Raum schien sich ihm zu nähern, und er wich zurück, die Hände in Kapitulation erhoben.

»Okay, okay! Es tut mir leid, Selina. Ich habe es nicht so gemeint«, murmelte er, und Scham überschwemmte ihn wie eine kalte Welle. Er wusste, dass sie recht hatte, aber die Frage war ihm herausgerutscht, bevor er sich selbst zensieren konnte. Die Last seiner neu gewonnenen Reife lastete schwerer auf ihm, eine Bürde, die zu verstehen und zu akzeptieren Zeit brauchte.

»Stefan, geh einfach«, flüsterte Selina und wandte den Blick ab, als könne sie es nicht ertragen, ihn anzusehen. Mit einem letzten Nicken verließ Stefan ihr Zimmer und fühlte sich einsamer als je zuvor.

Seine Gedanken rasten, während er den Flur entlang wanderte und versuchte, einen Weg zu finden, um zu verstehen, was gerade passiert war. Er musste diese neue Seite von sich selbst erforschen, um zu verstehen, was es bedeutete, sexuell reif zu sein. Aber wie? Und mit wem? Plötzlich erinnerte er sich daran, dass er geplant hatte, vor dem Mittagessen ein Bad zu nehmen. Vielleicht könnte das sein erster Schritt sein.

»Mama, ich werde vor dem Mittagessen noch schnell ein Bad nehmen!«, rief Stefan mit leicht zitternder Stimme, während er versuchte, ein wenig Normalität wiederzuerlangen.

»In Ordnung, mein Lieber«, kam die Antwort seiner Mutter, die gerade in der Küche kochte.

Stefan betrat das Badezimmer und schloss die Tür hinter sich ab. Er drehte den Wasserhahn auf und ließ das Wasser in die Badewanne fließen. Das Geräusch des rauschenden Wassers übertönte für einen Moment seine Gedanken und verschaffte ihm eine kurze Atempause von dem Aufruhr in seinem Inneren.

Als sich die Wanne füllte, zog er sich aus und ließ seine Kleidung auf einem unordentlichen Haufen auf dem Boden liegen. Sein Spiegelbild starrte ihn aus dem beschlagenen Spiegel an – ein zwölfjähriger Junge mit geröteten Wangen und großen, unsicheren Augen. Er konnte nicht länger ignorieren, was geschehen war. Es war an der Zeit, sich diesem neuen Kapitel seines Lebens zu stellen.

»Konzentriere dich«, murmelte Stefan leise und beruhigte sich. »Du schaffst das.«

Er stieg in die Wanne und zuckte zusammen, als das heiße Wasser in seiner Haut stach. Allmählich senkte er sich weiter herab und ließ sich von der Wärme umhüllen. Es beruhigte seine angespannten Muskeln und lullte sein rasendes Herz ein und schuf einen Kokon der Geborgenheit, in dem er ohne Gehör erkunden konnte.

»Denk nach, Stefan«, flüsterte er, und seine Stimme übertönte das Rauschen des Wassers kaum. »Was brauchst du dazu?«

In diesem Moment wurde ihm klar, dass er etwas brauchte, um seine Sinne zu stimulieren, etwas, das ihm helfen würde, seine neu entdeckte sexuelle Reife zu verstehen. Während er darüber nachdachte, schweifte sein Blick auf der Suche nach Inspiration durch das Bad.

»Vielleicht... Musik?«, sagte sich Stefan und erinnerte sich daran, wie bestimmte Lieder immer starke Emotionen in ihm ausgelöst hatten. »Oder vielleicht ein Buch? Nein, das fühlt sich auch nicht richtig an...«

Sein Blick fiel auf eine kleine Sammlung von Duftkerzen, die in einem Regal in der Nähe standen. Eine plötzliche Idee kam ihm in den Sinn. Die Mischung aus warmem Wasser, gedämpftem Licht und beruhigenden Düften könnte die perfekte Kombination sein, um ihm zu helfen, sich in diesem unbekannten Gebiet zurechtzufinden.

»In Ordnung«, murmelte Stefan und seine Entschlossenheit wurde stärker. »Lass uns das versuchen.«

Mit Entschlossenheit griff Stefan nach den Kerzen und einer Schachtel Streichhölzer. Er zündete eine nach der anderen an, und ihre flackernden Flammen warfen tanzende Schatten an die Wände. Das Badezimmer füllte sich mit dem sanften Duft von Lavendel und Vanille, was die beruhigende Atmosphäre noch verstärkte.

»Perfekt«, flüsterte er und ließ sich wieder in der Wanne nieder. Seine Augen schlossen sich, als er tief Luft holte, die duftende Luft einatmete und sich von ihr auf dieser Reise der Selbstfindung leiten ließ. Mit jedem Augenblick, der verging, wuchs sein Selbstvertrauen, und er fühlte sich bereit, den ersten Schritt ins Unbekannte zu tun.

Stefan streckte die Hand aus und seine Finger schlossen sich um den Waschlappen, der am Wasserhahn hing. Er zögerte, sein Herz klopfte, als er ihn über sich hielt. Die Entscheidung fühlte sich monumental an, als würde dieser eine Moment den Rest seines Lebens bestimmen. Er atmete tief durch, entschlossen vorwärts.

»In Ordnung, Stefan«, murmelte er vor sich hin. »Du schaffst das.«

Mit zitternden Händen legte er den Waschlappen auf seinen Penis und blinzelte gegen das plötzliche Gefühl, das ihn durchströmte. Er hatte noch nie etwas Vergleichbares empfunden – eine Mischung aus Freude und Fremdheit, die ihn fasziniert und beunruhigt zurückließ.

»Na gut... okay«, flüsterte Stefan und schluckte schwer. Er konzentrierte sich auf den gleichmäßigen Rhythmus seines Herzschlags und begann, den Waschlappen mit seiner rechten Hand auf und ab zu bewegen und seinen Schwanz zu reiben. Dabei verstärkte jeder Schlag die Empfindungen, die er erlebte, bis sein Körper vor neu entdeckter Erregung zitterte.

»Ist das... Wie soll es sich wohl anfühlen?«, fragte er sich innerlich und sein Kopf raste vor Fragen. Er konnte die Freude nicht leugnen, die er empfand, aber die Ungewissheit der Situation legte sich wie eine dunkle Wolke über ihn.

»Stefan!«, Die Stimme seiner Mutter durchschnitt die Luft und riss ihn aus seinen Gedanken. »Was machst du da drinnen?«

»Äh, nichts, Mama!«, rief er zurück und Panik stieg in seiner Brust auf. Der Waschlappen entglitt seinem Griff und landete mit einem nassen Plopp auf dem Badezimmerboden. In seiner Eile, ihr zu antworten, hatte er nicht gehört, wie sich die Tür öffnete.

Alle sind für das Mittagessen im Essbereich eingerichtet.

»Stefan, das Mittagessen ist fertig. Du musst jetzt langsam mal fertig werden!«, sagte seine Mutter mit fester Stimme, und ihre Augen weiteten sich, als sie die Szene vor sich vernahm. Es war klar, dass sie wusste, was er da tat, und Verlegenheit überflutete Stefans Wangen.

»Okay, ich komme«, murmelte Stefan, vermied den Blickkontakt und sammelte den heruntergefallenen Waschlappen ein. Er drehte das Wasser ab und begann sich schnell abzutrocknen, während sein Puls in seinen Ohren hämmerte. In diesem Moment wünschte er sich mehr als alles andere, dass er einfach verschwinden könnte.

»Lass dir Zeit«, sagte seine Mutter leise, zog sich aus dem Badezimmer zurück und schloss die Tür hinter sich. Stefan konnte die Enttäuschung in ihrer Stimme hören, und sie stach wie tausend Nadeln.

Stefan konnte nicht anders, als sich zu schämen. Er wusste, dass das, was er getan hatte, natürlich war, aber die Art und Weise, wie seine Mutter reagiert hatte, ließ ihn alles in Frage stellen. War es falsch von ihm, seine neu entdeckte sexuelle Reife zu erforschen? Oder war das nur ein weiterer Teil des Erwachsenwerdens, etwas, das man schon einmal erlebt hat?

»Stefan!«, rief seine Mutter erneut, ihr Ton wurde ernster.

»Ich komme, Mama«, antwortete er, und seine Stimme war kaum mehr als ein Flüstern. Mit einem letzten Blick auf die nun leere Badewanne stählte sich Stefan und trat aus dem Badezimmer.

Stefans Herz raste, als die Hitze seiner Erregung mit dem eisigen Schrecken kollidierte, erwischt zu werden. Er hörte, wie das Blut durch seine Ohren rauschte und seinen Kopf mit einer Kakophonie erfüllte, die jeden Anschein von Vernunft übertönte.

»Stefan!«, rief seine Mutter noch einmal mit zitternder Stimme. »Bitte, wir müssen reden.«

In seiner Aufregung konnte Stefan die Anforderungen seines Körpers nicht länger ignorieren. Als er aufstand, schoss sein Höhepunkt hervor, eine explosive Befreiung, die ihn für einen Moment machtlos gegen die Flut der Empfindungen machte. Noch bevor er versuchen konnte, es zurückzuhalten, stellte er mit Schrecken fest, dass er versehentlich auf seine Mutter ejakuliert hatte.

»SSSTTTEEEFFFAAANNN!«, schrie sie und schreckte vor den warmen Tropfen zurück, die über die Kleidung und das Gesicht der Mutter spritzten. Ihre Augen waren weit aufgerissen vor Schock und Unglauben, und ihr Mund bewegte sich lautlos, als suche sie nach Worten, die nicht kommen wollten.

»Mama – Mama«, stotterte Stefan und sein Gesicht brannte vor Scham. »Ich – ich wollte nicht« Er konnte seinen Satz nicht beenden, seine Stimme erstickte vor Kränkung. Seinem Vater fehlten die Worte, ebenso wie seiner Schwester.

»Zieh dich an«, sagte seine Mutter knapp und wischte sich mit zitternder Hand in einer wütenden Bewegung über das Gesicht. »Wir reden in fünf Minuten.«

Als sie den Raum verließ, wusch Stefan schnell die Spuren seiner Indiskretion weg und zog sich an, jede Bewegung bedächtig und mechanisch. Seine Gedanken wirbelten durcheinander, ein Strudel aus Schuldgefühlen, Verwirrung und Selbsthass.

»Drei Wochen Küchendienst«, erklärte seine Mutter, als er die Küche betrat, die Arme fest vor der Brust verschränkt. »Drei Wochen Geschirrspülen für deine... unangemessenen Handlungen.«

»Ja, Mama«, stimmte Stefan ohne zu zögern zu, seine Stimme war kaum zu hören. Es war eine kleine Buße im Vergleich zu dem Gewicht seiner Schande, aber er würde gerne jede Strafe akzeptieren, wenn sie eine Chance zur Sühne bedeutete.

»Gut«, sagte sie mit fester, aber nicht unfreundlicher Stimme. »Jetzt wollen wir zu Mittag essen.«

Als Stefan sich anschickte, den Tisch zu decken, wurde er das Gefühl nicht los, dass sich etwas zwischen ihm und seiner Mutter und der ganzen Familie verschoben hatte – eine Kluft hatte sich aufgetan, ein unausgesprochenes

Verständnis seiner Verfehlung. Er wusste, dass er das, was geschehen war, niemals zurücknehmen konnte, aber er beschloss, aus seinem Fehler zu lernen und seine neu gewonnene Reife mit größerer Sorgfalt und Sensibilität zu steuern.

In diesen stillen Momenten, wenn die Sonne durch die Vorhänge schien und das Klappern des Geschirrs die Luft erfüllte, schwor sich Stefan, dass er zu einem Mann heranwachsen würde, auf den seine Mutter stolz sein konnte. Und mit jedem Seifenteller und jeder Seifengabel trug er die Last seines Handelns, eine ständige Erinnerung an die Folgen seiner Taten. Nachdem er seine Strafarbeit für den Tag beendet hatte, ging er geradewegs in sein Zimmer.

Die Sonne durchbrach die Vorhänge und warf einen Lichtstrahl auf Stefans Gesicht. Er lag im Bett, seine Muskeln waren angespannt, seine Gedanken schwankten von den Ereignissen des Tages – der plötzlichen Entdeckung seiner Geschlechtsreife, der demütigenden Konfrontation mit Selina und den katastrophalen Folgen in der Badewanne. Während er an die Decke starrte und versuchte, sich einen Reim darauf zu machen, hallte das Geräusch von Schritten vor seiner Tür wider.

»Stefan?«, Selinas Stimme klang zögerlich, ihre Fingerknöchel klopften leicht an die Holztür. »Kann ich reinkommen?«

»Klar«, murmelte er, setzte sich auf und fuhr sich mit der Hand durch sein wirres Haar.

Selina trat ein, den Blick abgewandt, ihre Finger zappelten am Saum ihres Hemdes. »Ich wollte nur nach dir sehen«, sagte sie leise und warf ihm einen verstohlenen Blick ins Gesicht. »Was vorhin passiert ist, war wirklich... seltsam.«

Stefan seufzte, und seine Wangen erhitzten sich, als er sich an seinen unklugen Vorschlag erinnerte. »Ich weiß. Es tut mir leid, Selina. Es war dumm und verkorkst. Ich habe nicht klar gedacht.«

Sie nickte und ihr Blick wanderte über seine Schulter. »Nun, wir alle machen Fehler. Versprich mir einfach, dass du beim nächsten Mal erst darüber nachdenkst, bevor du das nächste Mal handelst.«

»Das werde ich«, schwor er, und die Last seiner jüngsten Taten lastete auf seinen Schultern. »Ich schwöre.«

»Gut.«, Selina zögerte einen Moment, dann machte sie sich auf den Weg zur Tür. »Und Stefan? Mach dich nicht zu sehr fertig. Wir lernen alle dazu.«

Als sie ging und die Tür hinter sich schloss, erlaubte sich Stefan ein kleines, trauriges Lächeln. Trotz des Chaos, das er angerichtet hatte, gab es immer noch jemanden, der an ihn glaubte. Und mit diesem Gedanken im Hinterkopf verspürte er eine erneute Entschlossenheit, zu wachsen und sich zu verändern.

Die folgenden Tage verbrachten wir in stiller Besinnung, unterbrochen von der mühsamen Arbeit des Geschirrspülens. Stefan schrubbte an den Töpfen und Pfannen, seine Hände in schaumiges Wasser getaucht, seine Gedanken konzentrierten sich auf seine neu gewonnene Reife und die Verantwortung, die sie mit sich brachte.

»Stefan«, unterbrach die Stimme seiner Mutter eines Nachmittags seine Träumerei, als sie ihm einen weiteren Teller zum Putzen reichte. »Ich weiß, dass das schwierig für dich ist, aber wir müssen alle aus unseren Fehlern lernen. Ich hoffe, Du verstehst, warum diese Strafe notwendig ist.«

Er begegnete ihren Augen und nickte ernst. »Das tue ich, Mama. Und es tut mir leid, was ich getan habe. Das wird nicht noch einmal passieren.«

»Sieh zu, dass das auch der Fall ist«, erwiderte sie mit festem, aber fürsorglichem Tonfall. Sie klopfte ihm auf die Schulter und wandte sich wieder dem Herd zu, um mit den Vorbereitungen für das Abendessen zu beginnen.

Als Stefan sich in der Küche umsah, den Dampf, der aus der Spüle aufstieg, das Klappern der Utensilien und das Gemurmel der Stimmen, die den Raum erfüllten, fühlte er sich zugehörig – selbst inmitten des Chaos und der Verlegenheit war dies immer noch seine Familie, und sie würden diese Herausforderungen gemeinsam meistern.

Mit jedem Geschirr, das er abräumte, und jedem Gespräch, das er führte, begann Stefan, das zerbrochene Vertrauen zwischen ihm und seinen Lieben wieder aufzubauen. Er wusste, dass es noch weitere Hürden zu überwinden gab, während er sich durch die Komplexität des jungen Erwachsenenalters navigierte, aber mit der Unterstützung seiner Familie und der Entschlossenheit, aus seinen Fehlern zu lernen, wusste er, dass er sich allem stellen konnte, was vor ihm lag.

Verrückt geworden oder was?

Auf dem Schulhof herrschte die Energie der Schüler in Bewegung, ihr Lachen und ihre Rufe hallten von den roten Backsteinwänden wider. Die Nachmittagssonne warf lange Schatten auf das saftige Gras, übersät mit Gruppen von Freunden, die verschiedenen Spielen und Aktivitäten nachgingen. Eine Gruppe von Neuntklässlern übte ihre fußballerischen Fähigkeiten, umkurvte provisorische Hindernisse und passte den Ball mit geübter Präzision.

Über allem saß Andreas Eckhardt im Schneidersitz auf dem Dach und nutzte die relative Abgeschiedenheit, um für seine bevorstehende Chemieprüfung zu lernen. Er lehnte an einem alten Kamin, seine Lehrbücher und Notizen breiteten sich vor ihm aus wie eine Festung des Wissens. Das Summen der Aktivität unter ihm war ein beruhigender Soundtrack für seine fleißige Arbeit, der es ihm ermöglichte, die Welt auszublenden und sich ausschließlich auf chemische Reaktionen und molekulare Strukturen zu konzentrieren.

Während er Notizen an den Rand seines Schulbuchs kritzelte, konnte Andreas nicht anders, als ein kleines Gefühl des Stolzes auf seine Fähigkeit zu empfinden, versteckte Nischen der Einsamkeit inmitten des Chaos des Schullebens aufzuspüren. Er war schon immer einfallsreich und begierig darauf, die Grenzen seiner Umgebung zu erforschen und auszutesten, und seine Entdeckung dieses Heiligtums auf dem Dach war keine Ausnahme.

Unten drehte sich Ahmed, einer der Neuntklässler, die am Fußballtraining beteiligt waren, auf dem Absatz um und bereitete sich auf einen wuchtigen Schuss auf das Tor vor. Seine Teamkollegen beobachteten mit angehaltenem Atem, wie er sein Bein zurückzog und sich die Muskeln in seiner Wade vor Vorfreude anspannten. Mit einer schnellen, flüssigen Bewegung entfesselte Ahmed einen Schuss, der den Ball durch die Luft schleuderte, wobei seine Flugbahn weit von seinem beabsichtigten Ziel abwich.

»Pass auf!«, rief jemand, aber es war zu spät. Der fehlgeleitete Ball flog in die Höhe, trotzte für einen Moment der Schwerkraft, bevor er an Schwung verlor und mit einem dumpfen Knall auf dem Dach hinter Andreas landete, nur wenige Zentimeter von seinem Platz entfernt. Das plötzliche Geräusch riss ihn aus seinen gelehrten Träumereien, und sein Herz klopfte ihm in der Brust, als er sich umdrehte und die schwarz-weiße Kugel am Rand des Daches sah.

»Hey, Andreas!«, rief Ahmed von unten herauf und reckte den Hals, um die jüngeren Schüler auf dem Dach zu sehen. »Könntest du bitte den Ball zurückwerfen?«

Andreas blickte auf Ahmeds erwartungsvolles Gesicht und dann wieder auf den Ball. Seine Gedanken rasten, während er das Für und Wider abwog, der Bitte nachzukommen. Er wusste, dass das Zurückbringen des Balls bedeuten würde, das Dach zu verlassen. Aber andererseits, dachte er, gab es vielleicht eine Möglichkeit, den Ball zurückzuspielen, ohne sein geheimes Versteck zu verraten ...

Der Klang von Ahmeds Stimme riss Lisa Nicole Gradl aus ihrer eigenen Welt, versteckt hinter einem Blumenbeet auf der anderen Seite des Daches. Sie hatte die Szene auf dem

Schulhof in ihrem Skizzenbuch gezeichnet und dabei die Energie und Bewegung der spielenden Schüler eingefangen. Ihre Neugier war geweckt, sie spähte um den Rand des Blumenbeetes herum und ihre Augen weiteten sich, als sie bemerkte, dass Andreas den Fußball betrachtete.

»Psst, Andreas«, flüsterte Lisa und erregte seine Aufmerksamkeit. Sie kroch zu ihm hinüber und wischte sich den Dreck von ihrer Jeans, während sie aufstand. »Warum beeindrucken wir sie nicht, indem du den Ball direkt herunterbringst und auf denselben Weg wieder heraufkommst?«

Andreas zog eine Augenbraue hoch, als sie plötzlich auftauchte, und ein verwirrtes Lächeln umspielte seine Lippen. »Lisa, was machst du überhaupt hier?«, fragte er mit leiser Stimme. Er warf einen Blick zurück auf den Fußball und dann auf die Schüler, die erwartungsvoll auf seine Rückkehr warteten. »Und wie soll ich sie beeindrucken, ohne selbst runterzuspringen?«

»Großartig!«, rief Lisa und klatschte in die Hände. »Ich habe ein wenig recherchiert und ich glaube, ich habe das perfekte Behelfsgeschirr für dich gefunden.« Sie kramte in ihrem Rucksack und zog einen langen, robust aussehenden Wagen heraus. »Das sollte reichen!«

»Warte«, warf Andreas ein und beäugte den Gürtel misstrauisch. »Willst du mich etwa mit einem Gürtel abseilen?«

»Genau!«, bestätigte Lisa, völlig unbeeindruckt von seinen Bedenken. »Es wird einfach sein – wir müssen ihn nur um deine Hüften befestigen, es über die Dachkante schlingen und dich dadurch nach unten hangeln. Es wird wie eine kontrollierte Rutsche sein.«

»Kontrolliertes Rutschen«, wiederholte Andreas und schüttelte ungläubig den Kopf. Aber als er Lisa dabei zusah, wie sie aufgeregt ihren Plan vorführte, konnte er nicht anders, als zu spüren, wie sich ein Gefühl der Vorfreude in seiner Brust aufbaute. Was wäre, wenn sie das tatsächlich schaffen würden? Der Gedanke durchzuckte ihn und ließ sein Herz rasen.

»Okay«, sagte er noch einmal, und Entschlossenheit machte sich breit. »Lass es uns versuchen.«

»Großartig!«, jubelte Lisa und reichte ihm den Gürtel. Als Andreas ihn um seine Hüfte befestigte, blickte er auf den Fußball, der immer noch neben ihm auf dem Boden lag. Mit einem tiefen Atemzug hob er ihn auf, bereit, sich den Herausforderungen zu stellen, die vor ihm lagen.

Andreas konnte sich ein Schmunzeln über die schiere Absurdität der Situation nicht verkneifen. »Also, lass mich das klarstellen«, sagte er, während seine Augen die Entfernung zwischen dem Dach und dem Boden unter ihm abtasteten. »Du willst, dass ich mit einem Gurt vier bis sechs Meter abtauche? Ich meine, ich könnte einfach runterspringen und auf das Beste hoffen, oder?«

Lisa verdrehte spielerisch die Augen. »Sehr lustig, Andreas. Aber glaub mir, mein Plan ist viel besser, als dir die Beine zu brechen. Hör mir einfach zu.« Sie machte einen Schritt auf ihn zu, ihre Aufregung war spürbar.

»In Ordnung, in Ordnung«, gab Andreas zu, und in seiner Stimme schwang immer noch Amüsement mit. »Ich höre zu.«

»Okay, hier ist der Plan«, begann Lisa und deutete auf die Dachkante. »Wir werden dieses stabile Metallgeländer als Ankerpunkt verwenden. Der Gürtel wird um deine Taille befestigt, über das Geländer geschlungen, und dann senkst du dich langsam ab, während du dich am Ball festhältst. Sobald man nah genug am Boden ist, kann man das letzte Stück ohne Probleme fallen lassen.«

»Hört sich ganz einfach an«, gab Andreas zu, wurde aber das nagende Gefühl nicht los, dass etwas fehlte. »Aber wie sieht es mit dem Wiederaufstieg aus? Ich glaube nicht, dass das funktionieren wird.«

»Ach ja, das ist ganz einfach«, sagte Lisa mit einer abweisenden Handbewegung. »Wenn du da unten bist, kannst du einfach den Gürtel abnehmen und ihn wieder zu mir hochwerfen. Ich ziehe dich mit meinen übermenschlichen Kräften hoch!«

»Übermenschliche Kräfte, was?« Andreas zog eine Augenbraue hoch und seine Lippen verzogen sich zu einem neckischen Lächeln. »Verbirgst du irgendein Geheimnis vor mir, Lisa?«

»Vielleicht tue ich das«, entgegnete sie und zwinkerte verschwörerisch zu. »Aber im Ernst, ich werde kein Problem damit haben, dich wieder hochzuziehen. Du wirst in kürzester Zeit wieder auf dem Dach sein, und du wirst die älteren Schüler mit deiner waghalsigen Aktion beeindruckt haben.«

»In Ordnung«, sagte Andreas und ließ sich von Lisas Begeisterung mitreißen. »Probieren wir es aus.« Er konnte nicht anders, als bei dem Gedanken, der Schwerkraft zu trotzen, einen Nervenkitzel zu empfinden, auch wenn es nur für ein paar Meter war.

»Großartig!«, zwitscherte Lisa und klatschte in die Hände, bevor sie ihm half, das provisorische Geschirr um seine Taille zu legen. Als er spürte, wie sich der Gurt sicher straffte, blickte Andreas noch einmal auf den Boden und versuchte, die Distanz einzuschätzen und sich mental auf den Abstieg vorzubereiten.

»Denk daran«, warnte Lisa, während sie den Knoten des Gurtes überprüfte, »wenn du anfängst, dich abzusenken, lass das Geländer nicht los, bis du bereit bist, dich fallen zu lassen. Wir wollen nicht, dass du zu schnell fällst.«

»Verstanden«, nickte Andreas und schluckte den plötzlichen Kloß in seinem Hals herunter. Die Realität dessen, was sie versuchen wollten, traf ihn plötzlich wie eine Tonne Ziegelsteine. Es war beängstigend, ja, aber auch furchteinflößend.

»Okay, lass uns das machen«, sagte er, atmete tief durch und hielt sich mit eiserner Entschlossenheit am Metallgeländer fest. Er ahnte nicht, dass ihr Plan ein entscheidendes Detail übersehen hatte – ein Detail, das ihn bald in der Luft hängen lassen würde, ohne die Möglichkeit, aus eigener Kraft wieder heraufzukommen.

Andreas' Herz raste, als Lisa den Klemmriemen um seine Taille befestigte. Das Gewicht am anderen Ende des Gurtes baumelte unsicher von der Dachkante, eine physische Erinnerung an ihren kühnen Plan. Er warf einen Blick hinunter auf den Schulhof, wo Ahmed und die anderen Schüler ungeduldig darauf warteten, dass er sich abseilte.

»Bist du sicher, dass das hält?«, fragte Andreas, der nicht verhindern konnte, dass die Beklommenheit in seine Stimme sickerte, als er das provisorische Geschirr betrachtete.

»Vertrau mir«, antwortete Lisa mit einer Zuversicht, die Andreas dazu brachte, ihr zu glauben. »Lehn dich einfach zurück und lass mir die ganze Arbeit machen.«

Während ihm der Wind durch die Haare peitschte, atmete Andreas tief durch und näherte sich der Dachkante. Seine Beine zitterten unter ihm, aber er wusste, dass es jetzt kein Zurück mehr gab. Er konnte Ahmeds Stimme hören, die sich über das Gedränge der Schüler unter ihm erhob.

»Komm schon, Andreas! Du schaffst das!«, rief Ahmed, seine Stimme war voller Vorfreude und Aufregung. Der Jubel der anderen stimmte mit ein und erzeugte eine Kakophonie der Ermutigung, die Andreas dazu brachte, den Sprung zu wagen.

»Na gut, hier geht schon nichts schief«, murmelte Andreas leise und Schweißperlen bildeten sich auf seiner Stirn. Mit einer Hand hielt er das Geländer hinter sich fest, während er sich mit der anderen am Riemen festhielt. Es gab keinen Raum für Fehler. Eine falsche Bewegung könnte ihn zu Boden stürzen lassen.

Mit einem letzten beruhigenden Blick auf Lisa lehnte sich Andreas zurück und verlagerte langsam sein Gewicht, bis sein Körper über den Rand hing. Die Empfindung fühlte sich unnatürlich an, als würde man den Gesetzen der Physik trotzen. Jeder Muskel in seinem Körper spannte sich an, als er sich anschickte, das Geländer loszulassen.

»Behalte den Ball im Auge, nicht den Boden«, erinnerte Lisa ihn mit ruhiger und beruhigender Stimme inmitten der Kommunikation unter ihm. »Du hast es verstanden.«

Als Andreas anfing, sich zu senken, pochte sein Herz in seiner Brust wie eine Trommel. Der Wind pfiff um ihn herum, und die Stimmen der Schüler unten wurden lauter und aufgeregter. Er spürte, wie ihre Augen auf ihm ruhten, und er wusste, dass er, wenn er Erfolg hatte, eine Legende unter seinesgleichen werden würde.

Doch als er sich weiter an der Seite des Gebäudes abseilte, schlichen sich Zweifel in seinen Geist. Hatte Lisa wirklich jedes Detail berücksichtigt? Was, wenn etwas schief geht und er hilflos in der Luft baumelt? Der Gedanke jagte ihm einen Schauer über den Rücken, und er umklammerte den Riemen noch fester, entschlossen, den Plan zu Ende zu führen.

Andreas' Handflächen waren schweißnass, als er sich vorsichtig an der Seite des Gebäudes abseilte. Die Stimmen der Schüler unten wurden zu einem entfernten Gemurmel, während er sich auf jede Bewegung konzentrierte, auf jeden Zentimeter, den Ahmed und dem Ball näher brachte.

»Fast da«, rief Lisa von oben, und ihre Stimme war kaum hörbar über dem Klang ihres eigenen Atems. »Mach weiter!«

Endlich berührten seine Füße festen Boden, und Andreas gönnte sich einen Moment, um sich über seinen erfolgreichen Abstieg zu freuen. Er spürte, wie die Augen der älteren Schüler auf ihm ruhten, ihre Gesichtsausdrücke waren eine Mischung aus Schock und Bewunderung. Mit einem Grinsen überreichte er den Fußball Ahmed, der ihn ungläubig anstarrte.

»Netter Stunt, Eckhardt«, sagte Ahmed und schüttelte erstaunt den Kopf. »Aber wie willst du wieder nach oben kommen?«

»Überlass das mir«, erwiderte Andreas, dessen Zuversicht trotz der bevorstehenden Herausforderung unerschütterlich war. Er blickte zu dem Klemmgurt hinauf, der nun wie eine Rettungsleine mehrere Meter über ihm hing. Mit einem tiefen Atemzug begann er, sich Hand über Hand wieder aufzurichten, wobei er alle Kräfte einsetzte, die er aufbringen konnte.

Als er sich jedoch auf den Weg zurück zum Dach machte, hörte der Gurt plötzlich auf, sich zu bewegen, so dass er in der Luft schwebte. Panik packte ihn in der Brust, als ihm klar wurde, dass das Gewicht am anderen Ende irgendwie stecken geblieben sein musste.

»Lisa!«, rief er und hatte Mühe, die Angst aus seiner Stimme zu verbannen. »Das Gewicht ist zu schwach! Ich komme nicht weiter!«

Es gab keine Antwort von oben, nur das Echo seiner eigenen Worte, das von den Wänden abprallte. Seine Arme begannen zu zittern vor Anstrengung, sich festzuhalten, und er wusste, dass er nicht mehr lange so ausharren konnte.

»Komm schon, Andreas«, murmelte er vor sich hin, während seine Gedanken nach einer Lösung suchten. **»Denken, denken, denken...«**

Er blickte nach unten und schätzte den Abstand zwischen sich und dem Boden ab. Es war zu weit, um es zu riskieren, loszulassen, aber mit jeder Sekunde, die verging, wurde sein Griff um den Gurt schwächer. Er musste es tun, bevor es zu spät war.

»Lisa!«, rief er noch einmal, und Verzweiflung schlich sich in seine Stimme. »Ich brauche deine Hilfe!«

Doch von oben herrschte nur Schweigen und Andreas musste sich dieser Herausforderung allein stellen.

»Lisa, wo bist du?«, rief Andreas noch einmal, seine Stimme war angestrengt und verzweifelt. Er reckte den Hals und suchte auf dem Dach nach irgendwelchen Anzeichen seiner Freundin ab, aber sie war nirgends zu sehen.

»Verdammt«, murmelte er leise. Er konnte nicht anders, als sich durch ihre plötzliche Abwesenheit betrogen zu fühlen, aber jetzt war keine Zeit, darüber nachzudenken. Mit jedem Moment, der verging, verlor er mehr an Kraft, und die Chancen, dass er es rechtzeitig zurück auf das Dach – oder sogar zum Unterricht – zu schaffen, wurden immer geringer.

»Okay, Andreas, du schaffst das«, flüsterte er vor sich hin, und seine Entschlossenheit tauchte im Nebel der Panik wieder auf. Es war an der Zeit, eine Entscheidung zu treffen, auch wenn es eine schwierige war.

Er atmete tief durch, knirschte mit den Zähnen und löste eine Hand vom Riemen. Er spürte, wie das volle Gewicht seines Körpers ihn nach unten zog. Er versuchte, sich an den genauen Abstand zwischen ihm und dem Boden zu erinnern und schätzte ihn auf etwa drei Meter. Es war kein angenehmer Moment, aber es war besser, als auf unbestimmte Zeit hier festzusitzen.

»Hier geht nichts mehr«, sagte er und wappnete sich für den Aufprall. Mit einer einzigen schnellen Bewegung ließ er den Gurt vollständig los und bereitete sich auf den unvermeidlichen Schmerz vor.

Seine Knie erlitten die Hauptlast des Aufpralls und knickten unter ihm ein, sobald sie mit dem kalten, unerbittlichen Beton in Berührung kamen. Ein weißglühender Schmerz schoss durch seine Beine und zwang ihm einen erstickten Schrei von den Lippen. Einen Moment lang hörte er nur das Klingeln in seinen Ohren und das schnelle Trommeln seines Herzens gegen seinen Brustkorb.

»Steh auf, steh auf«, drängte er sich und kämpfte gegen den Schmerz an. Mit zitternden Armen stemmte er sich vom Boden auf und knirschte mit den Zähnen, als seine Knie gegen die Bewegung protestierten. »Du hast keine Zeit zu verlieren.«

Er machte einen Schritt nach vorne und unterdrückte den Drang zu schreien, als seine Knie erneut unter ihm einzuknicken drohten. Entschlossen, sich von diesem Rückschlag nicht unterkriegen zu lassen, lehnte er sich schwer an die nahe Wand, um sich abzustützen, und schleppte sich weiter in den ersten Stock und in das Sekretariat.

»Lisa«, dachte er bitter. »Ich schwöre, wenn ich dich finde...«

Aber selbst inmitten seiner Frustration konnte er nicht anders, als einen kleinen Funken Dankbarkeit für sie zu empfinden. Schließlich war es ihr gewagter Plan, der es ihm ermöglicht hatte, bei den älteren Schülern Eindruck zu hinterlassen – auch wenn er einen hohen Preis hatte.

Mit einem tiefen Atemzug presste Andreas den Kiefer zusammen und zwang sich, einen weiteren Schritt zu tun, der Schmerz in seinen Knien war scharf wie Dolche. Das Gelächter und Geschwätz vom Schulhof unten schienen fern und spöttisch, aber es bestärkte ihn nur in seiner Entschlossenheit.

»Fast geschafft«, flüsterte er mit zusammengebissenen Zähnen und konzentrierte sich auf einen quälenden Schritt nach dem anderen. Er konnte gerade noch die vertrauten beigefarbenen Wände und den abgewetzten Linoleumboden des Korridors im ersten Stock vor sich erkennen.

»Hey, Eckhardt! Was ist los?«, rief eine Stimme, als Andreas den Eingang zum Sekretariat erreichte. Er blickte auf und blinzelte durch den Nebel des Schmerzes, um eine

Mitschülerin zu sehen, die ihn mit einer Mischung aus Neugier und Besorgnis ansah.

»Nichts... Mir geht es gut«, antwortete Andreas mit angestrengter Stimme. Er wollte nicht, dass irgendjemand von seiner demütigenden misslichen Lage erfuhr – schon gar nicht in dem Teil, in dem er sich bereitwillig auf Lisas wilde Idee einließ.

»Sieht nicht nach nichts aus«, sagte die Schülerin und beäugte Andreas' zitternde Beine und seine aschfahle Hose. »Du solltest zur Krankenschwester gehen.«

»Danke«, knurrte Andreas und hasste das Mitleid, das die Worte der Schülerin ausgesprochen hatte. Wenn er nur eine medizinische Behandlung bekommen könnte, könnte er das vielleicht hinter sich lassen und weitermachen. Und dann spürt er Lisa auf, um eine Erklärung für ihr plötzliches Verschwinden zu verlangen.

Als Andreas schließlich mit Schweißperlen auf der Stirn ins Sekretariat wankte, konnte er nicht anders, als sich zu fragen: Wer war überhaupt auf die Idee gekommen? Versuchte Lisa einfach, hilfreich zu sein, oder steckte etwas Unheimlicheres dahinter?

»Kann ich Ihnen helfen?«, fragte die Sekretärin und riss Andreas aus seinen Gedanken.

»Äh, ja«, antwortete er und zuckte zusammen, als eine weitere Welle des Schmerzes durch sein Genick schoss. »Ich muss zur Krankenschwester.«

»Natürlich«, sagte sie und runzelte besorgt die Stirn, als sie seine hagere Erscheinung betrachtete. »Du siehst gar nicht gut aus, junger Mann.«

»Danke für die Beobachtung«, murmelte Andreas leise und seine Frustration und seine Schmerzen erreichten den Höhepunkt.

»Bringen wir Sie gleich zur Krankenschwester«, sagte die Sekretärin sanft und ignorierte seine Bemerkung. Als sie ihn durch den Flur führte, konnte Andreas nicht anders, als eine Vorahnung zu spüren – als steckte mehr hinter den Ereignissen dieses Tages, als man auf den ersten Blick sah. Aber im Moment war alles, was er wollte, Befreiung von den Schmerzen und Antworten auf die Fragen, die in seinem Hinterkopf nagten.

Sport ist Mord - oder tut einfach nur unheimlich weh!

Mehrere Wochen waren seit dem erschütternden Vorfall von Andreas Eckhardt vergangen und er hatte sich nun vollständig von seinen Verletzungen erholt. Doch seit diesem Tag hatte er Lisa Nicole Gradl nicht mehr gesehen, und er wurde den Gedanken nicht los, dass sie ihm eine Erklärung dafür schuldete, dass sie ihn in der Luft hängen ließ, als er versuchte, wieder auf das Dach zu klettern.

Die Turnhalle der Schule brummte vor Energie, als Marcel, Stefan, Andreas, Jens und Walter sich auf einer Seite des Hallenfußballplatzes zusammendrängten. Sie gründeten ihre eigene Fußballmannschaft für den Sportunterricht, und die Luft war dick von der Vorfreude auf den Wettkampf.

»In Ordnung, Jungs«, sagte Marcel, und seine Stimme war kaum hörbar über dem aufgeregten Geschwätz der anderen Schüler. »Wir sind ein solides Team, also lasst uns hart spielen und ihnen zeigen, was wir draufhaben.« Seine Schüchternheit schien zu schmelzen, als er sich in die Rolle des Kapitäns stürzte.

»Auf jeden Fall!«, stimmte Stefan zu und strahlte vor Zuversicht. Als geborener Angeber wollte er auf dem Feld Eindruck schinden. »Lasst uns ihnen die Hölle heiß machen!«

Jens, der junge Nerd mit den schrägen Ideen, nickte begeistert. »Ja, wir werden sie mit unserer Geheimwaffe überlisten: Strategie!« Er blickte sich zu seinen Teamkollegen um und wartete auf ihre Reaktion auf seinen Beitrag.

Walter verdrehte unbeeindruckt die Augen. »Richtig, denn niemand sonst hat jemals zuvor daran gedacht, Strategie in einem Spiel einzusetzen.« Der Besserwisser grinste, was Jens dazu veranlasste, ein wenig zurückzuweichen.

»Genug gezankt«, warf Andreas mit fester, aber freundlicher Stimme ein. »Wir sind hier, um zu spielen, nicht um zu streiten. Konzentrieren wir uns.«

Nachdem sich die Gruppe einig war, verteilten sie sich über das Feld, wobei jeder seine jeweilige Position einnahm. Marcels Herz klopfte in seiner Brust, das Adrenalin strömte durch seine Adern, als er sich auf den Beginn des Spiels freute.

Während sie spielten, konnte Marcel nicht anders, als das Gewicht von Andreas' unausgesprochenen Gedanken zu spüren. Er wusste, dass sein Freund immer noch von Lisa Nicoles Verhalten beunruhigt war, und er wünschte, es gäbe etwas, das er tun könnte, um ihm zu helfen, einen Abschluss zu finden.

»Hey, Marcel!«, rief Stefan und riss Marcel in den gegenwärtigen Moment zurück. »Behalte deinen Kopf im Spiel!«

»Tut mir leid«, murmelte Marcel und richtete seine Aufmerksamkeit wieder auf den Ball, der auf ihn zuraste.

Das Spiel ging weiter, das Geräusch von Turnschuhen, die auf dem Turnhallenboden quietschten, unterbrach die Luft. Die fünf Freunde spielten hart und setzten ihre Strategien mit einer Mischung aus Geschick und Entschlossenheit um. Sie kommunizierten ohne Worte, jeder Spieler wusste instinktiv, wo sich der andere gerade befinden würde.

Als sie Tor um Tor erzielten, spürte Marcel eine Welle des Stolzes auf seine Mannschaft. Sie arbeiteten nahtlos zusammen und bewiesen, dass ihre einzigartige Kombination aus Persönlichkeiten und Talenten sie zu einer Kraft machte, mit der man rechnen musste.

»Gut gemacht, Jungs!«, schrie Marcel über den Lärm des Spiels hinweg, seine Stimme war erfüllt von Eklat. »Wir vernichten sie!«

»Verdammt richtig!«, antwortete Stefan mit einem breiten Grinsen, als er Marcel abklatschte. »Niemand kann uns jetzt mehr aufhalten!«

Doch obwohl der Erfolg auf dem Feld sie zusammenschweißte, wurde Marcel das nagende Gefühl nicht los, dass zwischen Andreas und Lisa Nicole noch etwas Ungelöstes herrschte. Er fragte sich, ob sie jemals die Chance haben würden, ihre Vergangenheit hinter sich zu lassen und nach vorne zu blicken.

Im Moment konnte er sich jedoch nur auf die anstehende Aufgabe konzentrieren: sein Team zum Sieg zu führen. Mit neuer Entschlossenheit stürzte sich Marcel ins Spiel, bereit, sich allen Herausforderungen zu stellen, die vor ihm lagen.

Marcels Herz klopfte in seiner Brust, als seine Mannschaft den ersten Sieg feierte, Schweiß glitzerte auf jedem Gesicht. In diesem Moment fühlten sie sich unbesiegbar, die Kameradschaft ihrer provisorischen Fußballmannschaft vereinte sie auf eine Weise, die über Freundschaft hinausging. Sie hatten bereits eins von drei Spielen gewonnen und führten im zweiten Spiel mit 2:0. Aber Marcel wusste nur zu gut, dass der Erfolg vergänglich sein konnte.

»Gut gemacht, alle!«, rief Jens und klopfte Walter auf die Schulter, als sie sich neu formierten.

»Lasst uns so weitermachen, Jungs«, drängte Andreas, Entschlossenheit usw. huschte über sein Gesicht.

Der Pfiff ertönte und Abstoß für den Gegner wurde gegeben. Marcel nahm seine Position als Torwart ein, die Augen auf die gegnerische Mannschaft gerichtet, die auf ihn zustürmte. Sein Puls beschleunigte sich, das Adrenalin schoss durch seine Adern.

»Marcel, pass auf Frank auf!«, rief Stefan von der anderen Seite des Feldes, seine Stimme war besorgt in der Stimme.

Marcel nickte und nahm die Warnung seines Freundes zur Kenntnis. Er wusste, dass Frank ein furchteinflößender Gegner war, der jederzeit in der Lage war, ein Tor zu erzielen. Als der Ball durch die Luft flog, machte sich Marcel bereit, ihn abzufangen.

»Da kommt er!«, murmelte er leise vor sich hin, während er sich nur auf den Ball konzentrierte.

In einem Augenblick war der Ball bei ihm. Marcel sprang in Aktion und tauchte mit aller Kraft hinterher. Er spürte die Spannung in seinen Muskeln, als er sich ausstreckte und mit den Fingerspitzen über die Lederoberfläche strich. Für den Bruchteil einer Sekunde dachte er, er hätte es geschafft – und dann kam es zur Katastrophe.

Sein ausgestreckter Arm traf den Innenpfosten des Tores und schickte einen Schmerzstoß durch seine Schulter. Die Wucht des Aufpralls prallte durch seinen Körper und knallte seinen Kopf gegen den Metallrahmen. Marcel sank zu

Boden, seine Augen erröteten, als die Orientierungslosigkeit einsetzte.

»Marcel!«, rief Stefan auf und eilte an die Seite seines Freundes. »Geht es dir gut, Mann?«

»Uff«, stöhnte Marcel und fasste sich an den Kopf, als er versuchte, sich aufzusetzen. »Ich denke schon. Hab mir nur die Schulter angehauen.«

»Mann, das sah schlimm aus«, mischte sich Andreas ein und runzelte besorgt die Stirn. »Vielleicht solltest du mal eine Pause machen.«

»Nein, nein, mir geht es gut«, beharrte Marcel und verdrängte den Schmerz und den Schwindel. »Wir können nicht zulassen, dass sie gewinnen. Lasst uns weitermachen.«

Seine Teamkollegen tauschten besorgte Blicke aus, einigten sich aber schließlich darauf, weiterzuspielen. Es stand immer noch 2:0, aber Marcel wusste, dass der Vorsprung prekär war. Er konnte es sich nicht leisten, seine Wachsamkeit noch einmal im Stich zu lassen – nicht, als sie so weit gekommen waren.

»In Ordnung«, murmelte er leise und atmete tief durch, während er sich auf das nächste Stück vorbereitete. »Lass uns das machen.«

Marcels Sicht klärte sich gerade noch rechtzeitig, um zu sehen, wie der Stürmer der gegnerischen Mannschaft auf ihn zukam. Er schüttelte den Kopf, versuchte, den anhaltenden Schwindel zu vertreiben, und bereitete sich auf den ankommenden Schuss vor. Der Ball schoss auf ihn zu, und mit einem Anflug von Entschlossenheit warf er sich ihm in den Weg.

Der Aufprall mit dem Ball hallte durch Marcels Körper, aber er ließ sich davon nicht erschüttern. Er drückte sich den Ball an die Brust und rollte sich wieder auf die Füße, ohne auf den Schwindel zu achten, der ihn erneut zu überkommen drohte. Seine Teamkollegen jubelten, und Marcel spürte, wie eine Welle des Stolzes über ihn schwappte. Er hatte den Ball gehalten, die Führung bewahrt – aber sie hatten noch viel Arbeit vor sich.

»Schöne Parade, Marcel!«, schrie Stefan von der anderen Seite des Feldes, sein Grinsen breit und ansteckend. »Weiter so!«

»Danke«, keuchte Marcel und nutzte die kurze Pause, um Luft zu holen. »Wir schaffen das.«

Er schickte den Ball über das Feld zu Stefan, der mit Andreas dicht dahinter davonzog. Das Spiel ging weiter, eine Hektik, in der beide Mannschaften um die Kontrolle kämpften. Trotz des hämmernden Kopfes blieb Marcel konzentriert, tauchte ab und blockte Schüsse, wenn sie ihm in den Weg kamen.

»Gut gemacht, Marcel!«, rief Walter und klopfte ihm auf die Schulter, als sie ihren knappen Sieg feierten. »Du hast dich wirklich für uns durchgesetzt.«

»Danke«, sagte Marcel mit einer Mischung aus Erschöpfung und Hochgefühl. »Wir haben alle unseren Teil dazu beigetragen.«

»Verdammt richtig, das haben wir«, stimmte Stefan zu und seine Augen strahlten vor Stolz. »Jetzt lasst uns rausgehen und auch das Nächste gewinnen!«

Das Spiel startete hektisch, in dem beide Mannschaften um die Kontrolle kämpften. Trotz des Klopfens in seinem Kopf blieb Marcel konzentriert, tauchte ab und blockte Schüsse, wenn sie auf ihn zukamen.

Wenige Minuten später, beim Stand von 2:1, war die Spannung auf dem Feld spürbar. Marcel lief der Schweiß über das Gesicht, als er konzentriert die Augen zusammenkniff und zusah, wie sich die gegnerischen Spieler durch seine Teamkollegen schlängelten. Dann kam es zur Katastrophe.

»Stefan!«, schrie Marcel auf und musste entsetzt mit ansehen, wie sein Freund im Strafraum mit einem Gegenspieler kollidierte und beide zu Boden stürzten.

»Schiedsrichter, das ist ein Foul!«, schrie einer der gegnerischen Spieler, und der Pfiff ertönte, der einen Elfmeter signalisierte.

»Verdammt«, murmelte Stefan, als er sich aufrappelte, und in seiner Stimme war Frustration zu hören. »Das hatte ich gar nicht vor.«

»Hey, es ist alles in Ordnung«, beruhigte ihn Marcel und versuchte, trotz des Drucks ruhig zu bleiben. »Ich hab's. Konzentriere dich einfach auf das Spiel.«

Stefan nickte und warf Marcel einen dankbaren Blick zu, bevor er sich wieder dem Spielfeld zuwandte. Marcel atmete tief durch und wappnete sich für die bevorstehende

Herausforderung. Er spürte, wie sein Herz in seiner Brust pochte und das Adrenalin durch seine Adern strömte.

Marcels Herz klopfte synchron zu seinem schweren Atmen. Daniel stand am Elfmeterpunkt, der Ball lag auf dem weißen Punkt. Marcel spürte, wie ihm der Schweiß über die Schläfen tropfte, als er Daniel in die Augen starrte und versuchte, seine Bewegung zu antizipieren.

»Komm schon, Marcel! Du hältst ihn!«, schrie Stefan von der Seitenlinie und tat sein Bestes, um das Selbstvertrauen seines Freundes zu stärken.

»Los geht's«, flüsterte Marcel leise. Die Last dieser Verantwortung lastete auf Marcels Schultern, aber er stand aufrecht und war entschlossen, es durchzuziehen.

»Bereit?«, fragte der Schiedsrichter und Marcel nickte, ohne den Blick vom Gesicht des Stürmers zu lassen. Er konnte das. Er musste es tun.

Der Pfiff ertönte erneut, und Daniel nahm Anlauf, bevor er mit Wucht auf die Pille schlug.

Marcel reagierte sofort und tauchte nach rechts oben ab, aber er hatte den Schuss falsch eingeschätzt. Im letzten Moment gelang es ihm, den Arm auszustrecken und den Ball mit den Fingerspitzen zu fangen. Es war keine saubere Parade, aber es hat gereicht. Der Ball prallte von ihm ab und drehte sich vom Tor weg.

Der Sportlehrer pfiff ab und signalisierte damit das Ende des Spiels. Marcel lag auf dem Boden, zusammengefaltet vom Aufprall, und schnappte nach Luft.

»Schön, Marcel!«, schrie Stefan, als er zu ihm herüberjoggte und ihm die Hand reichte, um ihm aufzuhelfen. Marcel griff dankbar nach ihm und spürte, wie seine Beine unter ihm wackelten, als er wieder auf die Beine kam.

»Danke«, keuchte Marcel und wischte sich den Schweiß von der Stirn. »Ich dachte, ich hätte diesen Spielstand vermasselt.«

»Machst du Witze? Das war der Wahnsinn!« Stefan klopfte ihm grinsend auf die Schulter. »Wenn du so weitermachst, wirst du vielleicht mehr Glück haben als nur mit Elfmetern.«

»Ha-ha, sehr lustig«, antwortete Marcel sarkastisch und verdrehte die Augen. Er wusste, was Stefan damit meinte: dass er noch Jungfrau war.

»Hey, ich sage nur«, fuhr Stefan fort und hob abwehrend die Hände. »Du bist ein athletischer Kerl, und du siehst auch nicht schlecht aus. Mädchen mögen das.«

»Vielleicht«, sagte Marcel, und seine Wangen erhitzten sich bei dem Gedanken. »Aber ich glaube nicht, dass das in absehbarer Zeit passieren wird.«

»Sag niemals nie«, antwortete Stefan mit einem Augenzwinkern. »Du musst dich einfach nur trauen.«

Marcel zuckte mit den Schultern und versuchte, seine Verlegenheit zu verbergen. Es fiel ihm nicht leicht, über seine mangelnde Erfahrung zu sprechen, aber er schätzte Stefans Versuche, es auf die leichte Schulter zu nehmen.

»Wie auch immer«, wechselte Marcel das Thema, »konzentrieren wir uns auf unsere kommenden Spiele. Wir haben noch viel zu beweisen.«

»Einverstanden«, nickte Stefan und sein Kampfgeist schimmerte durch. »Wir werden unaufhaltsam sein. Warte nur und sieh es dir an.«

Als sie gemeinsam das Spielfeld verließen, konnte Marcel nicht anders, als eine Welle der Entschlossenheit zu spüren, sowohl auf dem Feld als auch außerhalb, erfolgreich zu sein. Das war ihr Moment, und er würde sich durch nichts aufhalten lassen.

Als Marcel Stefans Sticheleien hörte, entdeckte er einen Fußball in der Nähe. Eine schelmische Idee, die sich in seinem Kopf formte. Er schnappte sich den Ball und warf ihn ohne Vorwarnung auf Stefan.

»Hallo!«, jaulte Stefan auf, als der Ball seine Brust berührte und er leicht zurücktaumelte. »Wozu ist das gut?«

Marcel grinste und genoss den Überraschungsmoment auf dem Gesicht seines Freundes. »Nur eine kleine Revanche«, erwiderte er, und seine Wangen waren immer noch gerötet von dem vorigen Gespräch. Stefan hat vergessen, was er ihm angetan hat, als sie sich auf dem Fußballplatz zum ersten Mal trafen.

»Rache, was?«, grinste Stefan und rieb sich die Brust an der Stelle, an der ihn der Ball getroffen hatte. »In Ordnung, ich sehe, wie es ist.«

Bevor Stefan sich revanchieren konnte, erschien der Sportlehrer Herr Müller mit verschränkten Armen und ernstem Gesichtsausdruck neben ihnen. »Meine Herren«, sagte er mit zitternder Stimme. »Gibt es hier ein Problem?«

»Äh, nein, Herr Müller«, stammelte Marcel, der sich plötzlich schämte wegen seiner impulsiven Handlung. »Wir waren nur... herumspielen.«

»Herumspielen?«, Herr Müller zog eine Augenbraue hoch. »Na gut, hebe es dir für das Spiel auf. Wir beginnen die zweite Stunde unserer Doppelstunde, und ich habe beschlossen, dass wir mit gemischten Teams Völkerball spielen werden.«

»In Ordnung«, erwiderte Stefan respektvoll. »Wir werden uns benehmen.«

»Sieh zu, dass du das tust«, warnte Herr Müller, bevor er weg ging und Marcel und Stefan mitten in der Turnhalle stehen ließ.

»Super, jetzt haben wir Ärger«, murmelte Stefan und gab Marcel einen spielerischen Schubs. »Toll gelaufen.«

»Hey, du hast damit angefangen«, schoss Marcel zurück, obwohl er nicht anders konnte, als einen Anflug von Schuldgefühlen zu empfinden, weil er sie beide beschimpft hatte.

»Wie auch immer«, winkte Stefan kopfschüttelnd ab. »Konzentrieren wir uns einfach auf das nächste Spiel.«

Als sie gemeinsam mit ihren Klassenkameraden neue Teams bildeten, spürte Marcel, wie das vertraute Adrenalin durch seine Adern strömte. Völkerball war eine ganz andere Herausforderung als Fußball, aber er nahm sie mit großer Vorfreude an.

»In Ordnung«, verkündete Herr Müller und klatschte in die Hände, um die Aufmerksamkeit aller auf sich zu ziehen. »Ich möchte, dass ihr alle euer Bestes gebt und denkt daran, dass dies ein freundschaftlicher Wettbewerb ist. Aber schont euch auch nicht gegenseitig.«

Marcel spürte eine Welle der Entschlossenheit, als er sich zu seinen neuen Teamkollegen umsah. Es waren drei Mädchen, von denen er einige besser kannte als andere. Aber sie alle einten ein gemeinsames Ziel: das Spiel zu gewinnen.

»Lass uns das machen«, flüsterte Stefan verschwörerisch und stieß mit seiner eigenen gegen Marcels Schulter. »Und hey, vielleicht darfst du ja wieder vor den Damen dein Können unter Beweis stellen.«

»Sehr lustig«, antwortete Marcel und verdrehte die Augen, als die Hitze in seinen Wangen zurückkehrte. Aber tief in seinem Inneren konnte er nicht anders, als einen Funken Aufregung bei dem Gedanken zu verspüren, sich noch einmal zu beweisen. Dieses Mal würde er es jedoch für sich selbst tun – und für sein Team.

Die Turnhalle brummte vor Vorfreude, als Herr Müller und Frau Heinemann Seite an Seite standen, um die neuen Mannschaften für das Völkerballspiel vorzustellen. Marcel blickte sich zu seinen Teamkolleginnen um und spürte einen Anflug von Entschlossenheit. Er war mit Jaqueline, Lisa Nicole und Marie Polster zusammen, während Stefan unter anderem Selina in seinem Team hatte.

»In Ordnung, alle zusammen«, rief Frau Heinemann mit fester, aber aufmunternder Stimme. »Lasst uns daraus ein lustiges, faires Spiel machen.«

»Denken Sie daran, den Kopf im Spiel zu behalten und konzentriert zu bleiben«, fügte Herr Müller hinzu, während seine Augen die Schüler abtasteten, während sie ihre Positionen einnahmen.

Marcel spürte das Gewicht des Balls in seinen Händen, sein Herz klopfte in seiner Brust. Der vertraute Geruch von Schweiß und Gummi stieg ihm in die Nase und brachte ihn voll und ganz in den Moment. Als er in Richtung der gegnerischen Mannschaft blickte, blickte er Denise in die Augen, und ihr stählerner Blick lief ihm einen Schauer über den Rücken.

»Macht euch bereit!«, rief Herr Müller und hob die Pfeife an die Lippen.

Marcels Gedanken rasten. Er musste strategisch, schnell und präzise sein, wenn sie dieses Spiel gewinnen wollten. Er wusste, dass Jens berechnend, Walter unerbittlich und Andreas unberechenbar sein werden. Und Denise... Nun, sie war eine harte Konkurrentin. Aber Marcel wollte nicht nachgeben.

»Los!« Der schrille Klang des Pfiffs durchdrang die Luft und läutete den Beginn des Spiels ein.

Marcels Muskeln spannten sich an, als er den Platz absuchte und nach einer Lücke suchte. Er sah – eine Gelegenheit, als Erster zuzuschlagen. Mit einem Grunzen schleuderte er den Ball in Richtung Walter. Er flog wie eine Rakete durch die Luft und berührte ihn, kurz bevor Walter ausweichen konnte.

»Guter Wurf, Marcel!«, jubelte Lisa Nicole, ihre Stimme war eine Mischung aus Aufregung und Ermutigung.

»Danke«, erwiderte er und holte Atem, sein Fokus war immer noch scharf wie ein Rasiermesser.

Walter, der nicht mehr im Spiel war, starrte Marcel von der Seitenlinie aus an, seine Augen brannten vor Frust. Aber Marcel hatte keine Zeit, sich um verletzte Gefühle oder verletzte Egos zu kümmern. Das war ein Spiel, und sie mussten gewinnen.

»Pass auf!«, rief Marie mit eindringlicher Stimme. Marcel drehte sich gerade noch rechtzeitig um, um Andreas' Ball auf sich zukommen zu sehen. Mit einem schnellen Seitwärtsschritt entging er nur knapp einem Treffer.

»Nah dran«, murmelte Jaqueline leise vor sich hin, während sie sich unerschütterlich darauf konzentrierte, zu werfen.

»Bleibt wachsam!«, erinnerte Marcel seine Teamkollegen, sein Herz pochte wie eine Trommel in seiner Brust.

Die Zeit schien sich im Laufe des Spiels zu verlangsamen, da jede Mannschaft ihre Gegner, einen nach dem anderen, ausschaltete. Der Schweiß rann über Marcels Stirn und brannte in seinen Augen, aber er konnte es sich nicht leisten, zu blinzeln. Er beobachtete, wie Denise entschlossen und konzentriert einen soliden Treffer auf Lisa Nicole landete und sie an die Seitenlinie schickte.

»Kommt schon, Mädels, wir schaffen das!«, rief Marcel seinen verbliebenen Teamkolleginnen zu und versuchte, sie aufzumuntern.

»Richtig!«, stimmte Jaqueline zu und wischte sich mit dem Handrücken den Schweiß von der Stirn.

»Lass uns das zu Ende bringen«, fügte Marie mit stählerner und entschlossener Stimme hinzu.

Marcel wusste, dass sie es mit einer starken Konkurrenz zu tun hatten, aber er glaubte an sein Team. Sie waren so weit gekommen, und sie wollten sich nicht kampflos geschlagen geben. Als in der Turnhalle das Geräusch von stampfenden Füßen und das Schmatzen von Gummibällen auf der Haut zu hören waren, wusste er, dass es nur eine Frage der Zeit war, bis ein Team als Sieger hervorgehen würde.

Und er ging hin, um sich zu vergewissern, dass der Sieg ihnen gehörte.

Die Luft in der Turnhalle war dick vor Spannung, als sich das Völkerball-Match intensivierte. Marcels Atem ging kurz und scharf, sein Fokus war auf Denise gerichtet, die Jaquelines Wurf mit Leichtigkeit abwehrte. Sein Team brauchte einen Gamechanger, und er wusste, dass es an ihm lag.

»In Ordnung, Marcel, du hast es drauf«, flüsterte er vor sich hin und hielt den Ball fest in der Hand.

Mit einem Schlachtruf schleuderte Marcel den Ball auf den ahnungslosen Jens, erwischte ihn unvorbereitet und schickte ihn an die Seitenlinie. Die verbliebenen Mädels der gegnerischen Mannschaft tauschten nervöse Blicke aus, als ihnen plötzlich klar wurde, dass Marcel sie nicht so einfach davonkommen lassen würde.

»Komm schon, Marcel!«, jubelte Marie ihm von hinten zu, ihre Augen glänzten vor Bewunderung.

»Lasst uns ihnen zeigen, wer der Boss ist!«, stimmte Jaqueline mit ein, den Blick auf die Gegner gerichtet.

Marcels Herz schwoll vor Entschlossenheit an. Er konnte seine Teamkollegen jetzt nicht im Stich lassen. Mit einem tiefen Atemzug nahm er Amelie ins Visier, die versuchte, Marie zu überrumpeln. Bevor sie reagieren konnte, berührte Marcels Ball ihre Schulter und warf sie aus dem Spiel.

»Schöne Aufnahme!«, rief Marie und klopfte Marcel auf die Schulter. »Gleich haben wir es!«

»Verstanden«, antwortete Marcel und nickte entschlossen. Andreas stand allein auf der anderen Seite des Platzes, den Kiefer zusammengebissen und die Augen zusammengekniffen.

»Marcel, pass auf!«, schrie Jaqueline plötzlich auf, als sie Andreas Versuch bemerkte, sich an Marcel heranzuschleichen.

In letzter Sekunde drehte sich Marcel und lenkte den Ball mit seinem eigenen ab, wodurch Andreas aus dem Spiel genommen wurde.

»Ha! Netter Versuch, Andreas!«, rief Marcel, Adrenalin schoss durch seine Adern. Andreas blickte finster von der Seitenlinie aus, sichtlich frustriert von Marcels Erfolg.

Jetzt blieb nur noch Denise übrig, ihre Augen huschten zwischen Marcel und seinen Teamkolleginnen hin und her und kalkulierten ihren nächsten Schritt. Marcel wusste, dass er jetzt nicht in seiner Wachsamkeit nachlassen konnte.

»Bereit?«, fragte Jaqueline Marcel leise, während ihr Griff um den Ball fester wurde.

»Lass uns das machen«, erwähnte Marcel und nickte entschlossen.

Die beiden schleuderten ihre Bälle gleichzeitig ab und erzeugten einen Wirbelwind aus Gummi und Bewegung. Denise sprang in Aktion und wich Jaquelines Wurf mit Leichtigkeit aus, aber sie war nicht schnell genug, um Marcels gut gezielten Schuss auszuweichen. Der Ball knallte in ihre Seite und schleuderte sie ins Aus.

»Spiel vorbei!«, verkündete der Sportlehrer und blies scharf in seine Pfeife. »Marcels Team gewinnt!«

»JAWOHL!«, schrie Marcel auf, und sein Herz hüpfte vor Stolz und Erleichterung. Seine Teamkolleginnen eilten herbei, um ihm zu gratulieren, ihre Gesichter waren vom Sieg gerötet.

»Marcel, du warst unglaublich!«, schwärmte Marie und strahlte ihn an. »Ich wusste gar nicht, dass du es in dir hast!«

»Ich auch nicht«, gab Marcel atemlos zu und grinste von einem Ohr zum anderen. Als seine Teamkolleginnen ihn weiterhin mit Lob überschütteten, konnte er sich des Gefühls nicht erwehren, den Titel des Königs des Spiels wirklich verdient zu haben.

Marcels Herz klopfte in seiner Brust, als er zusah, wie Stefans Team den Sieg gegen die andere gegnerische Mannschaft für sich beanspruchte. Die Turnhalle hallte wider vom Jubel des Triumphs und den High-Fives, die zwischen den Teamkollegen ausgetauscht wurden, ein starker Kontrast zu der gedämpften Erwartung, die sich über Marcels eigenes Team legte.

»Sieht so aus, als würden wir gegen die antreten«, murmelte Jaqueline, während ihr Blick auf Stefans siegreiches Grinsen gerichtet war.

»Ja, genau so, wie ich es erwartet habe«, antwortete Marcel und wischte sich den Schweiß von der Stirn. Er konnte den Knoten der Angst, der sich in seinem Magen bildete, nicht leugnen, aber er weigerte sich, es sich anmerken zu lassen. Dies war das letzte Spiel – das die wahren Champions des Tages bestimmen würde.

Team Marcel gegen Team Stefan im Finale.

»In Ordnung, alle!«, rief der Sportlehrer und lenkte die Aufmerksamkeit wieder auf die Mitte des Platzes. »Wir haben unsere letzten beiden Teams. Lasst uns dieses Spiel zu einem unvergesslichen Erlebnis machen!«

»Bereit dafür?«, fragte Lisa Nicole Marcel, als sie gegen Stefans Team antraten, die bereits ihre Startplätze suchten.

»Bin bereit«, murmelte Marcel und versuchte, selbstbewusster zu klingen, als er sich fühlte. Seine Finger zuckten und juckten nach dem vertrauten Gefühl des Gummiballs in seinem Griff.

»Lasst uns ihnen zeigen, aus welchem Holz wir geschnitzt sind«, fügte Marie mit Entschlossenheit in ihren Augen hinzu. Sie warf Stefan einen Blick zu und grinste. »Vor allem Mr. Show-Off da drüben.«

»In Ordnung Team, lasst uns den Gesamtsieg holen!«, sagte Marcel und schaute seine Teamkolleginnen mit einem Nicken an.

Der Pfiff ertönte, und beide Mannschaften stürmten auf die Mittellinie zu, schnappten sich Völkerbälle und warfen sie mit aller Kraft, die sie aufbringen konnten, aufeinander. Die Luft füllte sich mit den Geräuschen von Gummi, das auf Fleisch traf und über den polierten Turnhallenboden rutschte.

Stefan lachte und machte sich nicht die Mühe, seine Verachtung zu verbergen. »Was, wartest du darauf, dass deine Mama kommt, um deine Hand zu halten?«

»Halt die Klappe, Stefan«, murmelte Marcel leise und seine Wangen röteten sich vor Wut. Für Stefans Sticheleien war keine Zeit. Er musste seinen Zug machen. Mit einem fast wilden Knurren schleuderte er den Ball mit aller Kraft und steckte jedes Quäntchen seiner Entschlossenheit und Frustration in den Wurf.

»Pass auf deine Linke auf, Marcel!«, schrie Jaqueline auf und wich nur knapp einem Ball aus, der auf ihren Kopf zielte. Marcel duckte sich gerade noch rechtzeitig, um nicht getroffen zu werden, und sein Atem stockte in seiner Kehle.

»Danke, Jaqueline«, keuchte er, schnappte sich schnell einen Ball und schickte ihn auf Selina zu. Sie hatte nicht so viel Glück mit ihrem Ausweichen und wurde an die Seitenlinie geschickt, die Frustration stand ihr ins Gesicht geschrieben.

»Schöner Wurf!«, Marie machte ihr Kompliment und schaltete eine andere Gegnerin mit einem schnellen Wurf aus. Sie kamen in Schwung, aber Marcel wusste es besser, als jetzt seine Wachsamkeit zu vernachlässigen – Stefan war immer noch im Spiel, und er war der beste Gegner.

»Marcel!«, rief Lisa Nicole mit vor Schreck weit aufgerissenen Augen. »Hinter dir!«

Er drehte sich gerade noch rechtzeitig um, um Stefans grinsendes Gesicht zu sehen, ein Völkerball, der direkt auf ihn zuflog. Marcel schaffte es gerade noch, ihn zu fangen, seine Finger brannten unter dem Aufprall. Er knirschte mit den Zähnen und weigerte sich, Schwäche zu zeigen. Dieses Match war persönlich geworden.

»Netter Versuch, Stefan«, knurrte Marcel und warf den Ball in einer fließenden Bewegung zurück. Stefans Augen weiteten sich vor Überraschung, aber er schaffte es, dem Angriff auszuweichen und dabei zu lachen.

»Ich hätte nicht gedacht, dass du es in dir hast, Klein!«, spottete er und genoss die Herausforderung sichtlich. »Vielleicht macht das ja sogar Spaß!«

»Konzentriere dich, Marcel«, sagte er zu sich selbst und atmete tief durch, um sein rasendes Herz zu beruhigen. »Du kannst ihn schlagen.«

Während das Spiel in einem Wirbelsturm aus Adrenalin und Schweiß weiterging, fand sich Marcel in einem hitzigen Kampf mit Stefan wieder, bei dem jeder versuchte, den anderen zu übertrumpfen. Und bei all dem konnte er nicht anders, als zu spüren, wie das Feuer in ihm stärker wurde und der Wunsch zu gewinnen ihn an seine Grenzen brachte.

»Komm schon, Marcel! Du hast es drauf!«, jubelte Marie vom Spielfeldrand aus, ihre Stimme war kaum zu hören über das Klopfen in seinen Ohren.

»Stefan, pass auf!«, rief Selina und ihre Augen huschten zwischen den beiden Rivalen hin und her.

»Zeit, das zu beenden«, flüsterte Marcel leise und nahm all seine verbliebenen Kräfte zusammen. Mit einem letzten, wuchtigen Wurf schickte er den Ball auf Stefan zu – und sah zu, wie er den Ball nicht festhalten konnte.

»Das Spiel ist vorbei!«, verkündete der Sportlehrer und seine Pfeife dröhnte durch die Luft. »Team Marcel gewinnt!«

»JAWOHL!«, schrie Marcel auf, und der Sieg strömte wie Feuer in seine Adern. Er hatte es geschafft – er hatte Stefan mit seinen eigenen Waffen geschlagen. Und als seine Teamkollegen sich beeilten, ihm zu gratulieren, war der heftige Ritt, der in seiner Brust anschwoll, nicht zu leugnen.

»Marcel, du warst unglaublich!«, rief Jaqueline aus, und ihre Augen glänzten vor Bewunderung.

»Danke«, antwortete er und grinste von einem Ohr zum anderen. »Das waren wir alle.«

»Herzlichen Glückwunsch, Marcel«, sagte Stefan widerwillig und streckte ihm die Hand entgegen. »Ich muss zugeben, dass ich das nicht kommen sah.«

»Danke, Stefan«, erwiderte Marcel und schüttelte ihm fest die Hand. Es fühlte sich wie ein kleiner Sieg an, aber dennoch ein wichtiger.

»Gut gemacht, ihr Lieben«, rief der Sportlehrer und klatschte in die Hände. »Das war ein intensives Spiel!«

Als die Schüler begannen, sich zu zerstreuen, gönnte sich Marcel einen Moment, um den Sieg zu genießen, und spürte, wie ein neu gewonnenes Gefühl der Zuversicht in ihm aufstieg. Doch selbst inmitten des Triumphes schwirrte ihm ein Gedanke in den Hinterkopf.

»Schöner Wurf, Mann!«, rief Jens und reihte sich in die Schar der Schüler ein, die sich um Marcel versammelt hatten. Er spürte, wie das Adrenalin durch ihn strömte, sein Atem kam immer noch in schweren Keuchen von der Anstrengung.

»Danke«, erwiderte er, und seine Stimme war über den Lärm kaum zu hören. Doch als er sich in den lächelnden Gesichtern umsah, nagte ein Gedanke immer wieder in seinem Hinterkopf: Marie. Irgendetwas an der Art, wie sie ihn ansah, ließ seinen Magen flattern, als stünde er am Rande eines Abgrunds, unsicher, ob er den Sprung wagen oder umkehren sollte.

»Hey«, sagte Marie leise und trat näher an Marcel heran. »Das war... Wirklich unglaublich. Ich wusste nicht, dass du es in dir hast.«

»Ich auch nicht«, gab Marcel zu, während sein Blick auf sie gerichtet war. Der Rest der Welt schien zu verblassen und nur noch die beiden standen inmitten des Chaos da. In diesem Moment wurde ihm klar, was er so lange verleugnet hatte: Er hatte Gefühle für Marie, und sie waren stärker, als er es sich je hätte vorstellen können.

»Marcel?«, Jens' Stimme durchbrach seine Träumerei und holte ihn in die Realität zurück. »Alles in Ordnung, Mann?«

Er blinzelte und wandte seinen Blick von Marie ab. »Ja, mir geht es gut. Einfach nur müde, schätze ich.« Er zwang sich zu einem schwachen Lächeln, in der Hoffnung, jeden Verdacht zu zerstreuen.

»Na gut, dann sollten wir vielleicht in die Umkleidekabinen gehen«, schlug Jens vor und Marcel nickte zustimmend.

»Gute Idee. Wir sehen uns später«, rief Marcel seinen Teamkollegen zu, als er sich mit klopfendem Herzen auf den Weg machte.

Als er sich seinen Weg durch die Menge der Schüler bahnte, spürte er, wie Jens' Augen auf ihm ruhten und jede seiner Bewegungen genau beobachteten. Er wusste, dass sein Freund kein Narr war. Es dauerte nicht lange, bis er sich einen Reim darauf machte, was wirklich vor sich ging. Aber im Moment wollte Marcel nur etwas Zeit für sich, um alles zu verarbeiten.

Er schlüpfte in die Umkleidekabine und ließ die Tür mit einem leisen Klicken hinter sich schließen. Als er sich an die kühlen Metallschränke lehnte, erlaubte er sich, endlich die

Wahrheit zuzugeben: Er war in Marie Polster verknallt, und jetzt gab es kein Zurück mehr.

Komm Baby, besorgs's mir oder Küss mich!

Die Sonne warf ein warmes, goldenes Licht durch die Fenster des Chemieunterrichts und beleuchtete die Reihen der schwarzen Labortische und Hocker. Selina Heidenreich saß an ihrem gewohnten Platz im hinteren Bereich, lehnte sich auf ihrem Hocker zurück und drehte einen Bleistift zwischen ihren Fingern. Sie blickte zu ihrem Bruder Stefan hinüber, der mit einem Grinsen im Gesicht damit beschäftigt war, etwas in sein Notizbuch zu kritzeln.

»Stefan, was hast du vor?«, fragte Selina und zog eine Augenbraue hoch. In ihrer Stimme schwang eine Mischung aus Neugier und Unfug mit, denn sie waren immer auf der Suche nach Möglichkeiten, ihre alltägliche Schulzeit zu beleben.

»Nicht viel, Schwester«, erwiderte er lässig, ohne den Blick von seinem Notizbuch zu nehmen. »Ich schreibe nur ein paar Ideen für unser nächstes Abenteuer auf.«

»Ah, ich verstehe«, sagte Selina mit einem bösen Grinsen. »Nun, versuche aber, uns dieses Mal nicht in allzu große Schwierigkeiten zu bringen.«

»Ärger? Wer, ich?«, Stefan täuschte Unschuld vor, bevor er ihr zuzwinkerte. Ihr Lachen erfüllte die Luft und erregte die Aufmerksamkeit einiger Klassenkameraden, die ihre Augen abwandten.

»Also gut meine lieben Schüler, setzt euch«, rief Herr Schmidt, ihr Chemielehrer, als er den Raum betrat. Das Geschwätz verstummte, als alle ihre Plätze einnahmen und sich auf eine weitere Lektion über chemische Reaktionen und Formeln vorbereiteten.

Gerade als Herr Schmidt anfangen wollte, öffnete sich die Tür noch einmal und enthüllte eine junge Frau mit auffallenden Gesichtszügen. Rebecca Weiß stand am Eingang, ihre smaragdgrünen Augen musterten den Raum, und langes, gewelltes kastanienbraunes Haar fiel ihr über den Rücken. Sie trug eine figurbetonte weiße Bluse und einen kurzen schwarzen Rock, der ihre Kurven betonte. Eine Stille legte sich über das Klassenzimmer, die Blicke der männlichen Schüler ruhten auf ihr, als sie selbstbewusst eintrat.

»Ah, Frau Weiß, willkommen in unserer Klasse«, begrüßte Herr Schmidt sie mit einem herzlichen Lächeln. »Bitte stellen Sie sich kurz vor.«

»Danke«, antwortete Rebecca mit einem leichten Nicken. Ihre Stimme war ebenso fesselnd wie ihr Aussehen. Sie hatte die volle Aufmerksamkeit im Raum. »Mein Name ist Rebecca Weiß und ich bin gerade von Berlin hierhergezogen. Es ist schön, euch alle kennenzulernen.«

»Willkommen Frau Weiß«, sagte Herr Schmidt, bevor er auf einen leeren Platz in der ersten Reihe deutete. »Bitte nehmen Sie dort drüben Platz.«

Als sie zu ihrem zugewiesenen Platz ging, konnte Stefan seine Augen nicht von ihr abwenden. Er beugte sich zu Selina hinüber und sein übliches Grinsen wich einem verwunderten Blick. »Wow, sie ist wunderschön«, flüsterte er.

Selina verdrehte die Augen, obwohl sie Rebeccas Schönheit nicht leugnen konnte. »Beruhige dich, Casanova. Sie ist neu hier, lass sie sich erst einmal einleben.«

»Natürlich«, stimmte Stefan zu, obwohl sein Blick auf den Neuzugang in ihrer Klasse gerichtet blieb.

Nachdem Rebecca Platz genommen hatte und sich die Atmosphäre im Klassenzimmer wieder normalisiert hatte, begann Herr Schmidt mit dem Unterricht des Tages. Es war jedoch klar, dass Rebeccas Ankunft einen bleibenden Eindruck hinterlassen hatte, vor allem bei den männlichen Schülern, die ihr einen Blick zuwarfen, wann immer sie konnten.

Die Stimme von Herrn Schmidt hallte durch das Klassenzimmer und wies die Schüler an, mit ihrem Chemieexperiment zu beginnen. Walter Lücke, der immer darauf bedacht war, sein Können unter Beweis zu stellen, war der Erste, der an den Start ging. Seine Hände tanzten zwischen Reagenzgläsern und Bechern, die Augen konzentriert, während er verschiedene Gefäße miteinander vermischte.

Als Stefan Rebecca aus den Augenwinkeln beobachtete, konnte er nicht anders, als sich vorzustellen, wie sich ihre weichen Lippen auf seinen pressen würden. Seine Gedanken schweiften ab, gefüllt mit sinnlichen Gedanken, als er sich vorstellte, wie er mit seinen Fingern durch ihr seidiges Haar fuhr und die Wärme ihrer Haut spürte.

»Stefan!«, flüsterte Selina scharf und riss ihn aus seinem Alltagstraum. »Konzentriere dich auf das Experiment!«

»Richtig, richtig«, murmelte er und zwang sich, sich auf die anstehende Aufgabe zu konzentrieren.

Walter war inzwischen immer leichtsinniger geworden in seiner Entschlossenheit, Rebecca zu beeindrucken. Er fügte ein paar Tropfen einer leuchtend blauen Flüssigkeit zu seinem Gebräu hinzu, nur um mit Entsetzen zuzusehen, wie es heftig zu blubbern und zu schäumen begann.

»Äh, Herr Schmidt?«, rief Walter nervös. »Ich glaube, ich habe einen Fehler gemacht.«

Bevor irgendjemand reagieren konnte, brach die Substanz aus dem Becherglas aus und spuckte in einem chaotischen Durcheinander auf den Boden. Die Schüler kreischten und sprangen zurück, als sich die glitschige Substanz auf dem Boden ausbreitete und das einst geordnete Klassenzimmer in einen gefährlichen Hindernisparcours verwandelte.

»Bitte, alle ruhig bleiben!«, rief Herr Schmidt und versuchte, die Kontrolle über seine in Panik geratenen Schüler wiederzuerlangen. »Bleibt einfach dort wo ihr jetzt seid, bis ich das hier wieder saubergemacht habe.«

Rebecca, die an der Stirnseite des Raumes gestanden hatte, versuchte, sich von dem sich ausbreitenden Chaos fernzuhalten. Allerdings schätzte sie die Distanz falsch ein und rutschte mit ihrem rechtem Fuß plötzlich in der Pfütze aus, wodurch sie das Gleichgewicht verlor. Sie kippte nach hinten und landete genau auf Stefans Schoß, während er wie erstarrt sitzen blieb.

»Uff!«, grunzte Stefan und konnte sich ein freches Grinsen nicht verkneifen. »Nun, ich wusste schon immer, dass ich eine magnetische Persönlichkeit habe, aber ich hätte nicht erwartet, dass ich so schöne Frauen anziehen würde.«

Rebeccas Wangen röteten sich vor Verlegenheit und Frustration über seine Bemerkung und ihre Augen verengten sich, als sie sich auf seine hefteten. Der Raum, der jetzt still geworden war, hielt seine kollektive Hoffnung und wartete auf ihre Antwort.

»Deine magnetische Persönlichkeit ist nicht das Einzige, was dir gleich eine Ohrfeige einbringt, wenn du nicht auf deine Worte achtest!«, warnte Rebecca mit vor Verachtung triefender Stimme.

»Hey, ich habe nur versucht, die Stimmung aufzulockern«, kicherte Stefan nervös und versuchte, seine unangebrachte Bemerkung herunterzuspielen. Er blickte sie an, und ihre Augen waren in einem hitzigen Wortwechsel gefangen.

Rebeccas Gesicht verzerrte sich vor Wut, und bevor Stefan reagieren konnte, schlug ihre Hand bereits auf sein Gesicht, so dass ein hörbares Schmatzen durch das Klassenzimmer hallte. Auf einmal wurde es still im Raum, alle Augen waren auf die beiden gerichtet.

»Autsch!«, jaulte Stefan auf, seine Hand flog instinktiv zu seiner brennenden Wange. »Das tut weh!«

»Gut«, schnauzte Rebecca und schob sich von seinem Schoß hoch. »Das nächste Mal, denkst Du erst nach, bevor Du etwas sagst.«

Als sie aufstand, eilte Walter Lücke herbei, Besorgnis stand ihm ins Gesicht geschrieben. »Rebecca, geht es dir gut? Der Vorfall tut mir so leid.« Walter war in der Schule als der junge Besserwisser bekannt, der immer bereit war, zu helfen oder sein Wissen weiterzugeben.

»Danke«, sagte Rebecca dankbar und warf ihm ein kleines Lächeln zu. »Mir geht es gut, ich bin nur ein bisschen aufgewühlt.«

»Lass mich dir aufhelfen«, bot Walter an und streckte ihr die Hand entgegen. Rebecca nahm sie und erlaubte ihm, ihr aufzuhelfen, wobei ihre Finger einen Moment länger als nötig zusammenblieben.

»Danke«, murmelte Rebecca, und ihre Augen trafen die von Walter. Stefan beobachtete den Wortwechsel, sein Gesicht war rot vor Verlegenheit und so etwas wie Eifersucht braute sich in ihm zusammen. Es kam nicht oft vor, dass ihn jemand überwältigte, geschweige denn die Aufmerksamkeit von jemandem auf sich zog, der so fesselnd war wie Rebecca.

»Nochmals, es tut mir wirklich leid«, entschuldigte sich Walter und wandte sich sowohl an Rebecca als auch an den Rest der Klasse. »Ich werde dafür sorgen, dass ich beim nächsten Mal vorsichtiger bin.«

»Bitte«, warf Herr Schmidt ein und räusperte sich. »Jetzt, wo die Aufregung vorbei ist, kommen wir zurück zu unserem Unterricht.«

Als der Unterricht wieder aufgenommen wurde, konnte Stefan nicht anders, als Rebecca einen verstohlenen Blick zuzuwerfen. Die Art und Weise, wie sie sich ihm entgegengestellt hatte, ihre furchtlose Zuversicht, sich zu verteidigen – das jagte ihm einen Schauer über den Rücken. Er fühlte sich von ihr verzaubert und sehnte sich nach einem weiteren Vorgeschmack auf ihren feurigen Geist.

»Konzentriere dich, Stefan«, murmelte er leise und zwang sich, sich von Rebecca abzuwenden und sich auf das chemische Experiment vor ihm zu konzentrieren. Aber so sehr er sich auch bemühte, er konnte das Bild nicht loswerden, wie sich ihre Augen in seine einbrannten, als sich ihre Körper aneinanderpressten und ein elektrisierendes Gefühl in ihm hinterließen.

Als der Chemieunterricht weiterging, konnte Walter nicht anders, als Rebecca einen verstohlenen Blick zuzuwerfen. Ihr feuriger Geist hatte einen bleibenden Eindruck auf ihn gemacht, und er fühlte sich von ihrem Vertrauen und ihrer Schönheit angezogen. Als die Glocke läutete, um das Ende des Unterrichts zu signalisieren, ergriff er die Gelegenheit, mit ihr zu sprechen.

»Hey«, sagte er und setzte sich neben sie, während sie ihre Sachen zusammensuchte. "Ich bin Walter Lücke."

»Rebecca Weiß«, antwortete sie und streckte ihm eine schlanke Hand zum Schütteln entgegen. In dem Moment, in dem sich ihre Hände erneut berührten, schien ein elektrischer Stoß zwischen ihnen zu fließen und Walters Herz rasen zu lassen.

»Schön, dich kennenzulernen«, stammelte er und schluckte schwer. »Und, äh, sorry wegen vorhin.«

»Entschuldigung angenommen«, sagte Rebecca mit einem Lächeln, das Walters Knie weich werden ließ. »Sei das nächste Mal bitte vorsichtiger, okay?«

»Auf jeden Fall«, versicherte er ihr und konnte seine Augen nicht von ihrem fesselnden Blick abwenden. »Wir sehen uns!«

»Sicher«, antwortete sie, nahm ihre Tasche und schlenderte aus dem Klassenzimmer. Walter sah ihr nach, als wäre seine ganze Welt durch diesen verführerischen Neuankömmling auf den Kopf gestellt worden.

Der Schultag ging weiter, und Selina Heidenreich fand sich im Kunstunterricht neben Andreas Eckhardt wieder. Sie hatte ihr lockeres Geplänkel immer genossen, aber heute war es anders – aufgeladener, intensiver.

»Hey, Selina«, begrüßte Andreas sie und warf ihr ein charmantes Grinsen zu, als er sich auf seinem Platz niederließ.

»Hallo, Andreas«, antwortete sie mit leiser und schwüler Stimme. »Wie war dein Tag bisher?«

»Jetzt ist er wieder besser«, erwiderte er und zwinkerte ihr zu. Ein Schauer lief Selina über den Rücken und sie biss sich auf die Unterlippe und dachte darüber nach, wie weit sie es heute mit ihm treiben konnte.

»Hast du gesehen, was im Chemieunterricht passiert ist?«, fragte sie und beugte sich dicht zu ihm, so dass sich ihre Schultern berührten. »Mit meinem Bruder und dem neuen Mädchen?«

»Kaum zu übersehen«, sagte Andreas, und sein Atem lag warm an ihrem Ohr. »Dein Bruder hat wirklich Glück gehabt, was auf ihn zukam.«

»Vielleicht«, überlegte Selina, »aber ich glaube, es hat ihm insgeheim gefallen. Er fühlte sich schon immer zu starken Frauen hingezogen – wie die Motte ins Licht.«

»Ist das so?«, erwiderte Andreas und hob eine Augenbraue, als er ihr in die Augen blickte.

»Auf jeden Fall«, flüsterte sie und ihr Herz klopfte in ihrer Brust. »Aber genug von Stefan. Erzähl mir etwas über dich, Andreas. Was findest du unwiderstehlich?«

Andreas zögerte einen Moment, sein Blick wanderte zu ihren Lippen, bevor er wieder zu ihrem Blick zurückkehrte. »Eine Herausforderung«, gab er schmunzelnd zu. »Jemanden, der mich auf Trab hält.«

»Dann werden wir wohl gut miteinander auskommen«, murmelte Selina und spürte, wie sich ihr Puls vor Vorfreude beschleunigte. Im weiteren Verlauf ihres Gesprächs genossen sowohl Selina als auch Andreas die Elektrizität, die zwischen ihnen knisterte, und beide waren begierig darauf, das unerforschte Gebiet ihrer neu entdeckten Anziehungskraft zu erkunden.

»Deine Schattierungstechnik ist unglaublich«, kommentierte Selina mit kaum mehr als einem Flüstern, während ihre Augen zwischen Andreas' Zeichnung und seinem Gesicht hin und her wanderten. »Ich habe immer damit gekämpft.«

»Danke«, antwortete Andreas und versuchte, sich auf sein Kunstwerk zu konzentrieren. »Es braucht nur Übung.«

Selinas Fuß begann an Andreas' Bein hochzukriechen, ihre Zehen streiften die Rundung seiner Wade. Er spannte sich weiter an, sein Bleistift stockte für einen Moment, bevor er seinen Lauf wieder aufnahm. Selina kicherte unschuldig und täuschte Unwissenheit über die Empfindung vor, die sie verursachte. Die anderen Schüler warfen neugierig einen Blick herüber und spürten die Spannung, die sich zwischen den beiden aufbaute, ohne den Ursprung zu verstehen.

»Geht es dir gut, Andreas?« fragte Selina süß, während ihr Fuß nun seine Kniekehle neckte. »Du scheinst ein bisschen... abgelenkt.«

»Äh, ja«, stammelte er und seine Wangen röteten sich, als er versuchte, seine Fassung zu bewahren. »Einfach, äh, mich auf meine Arbeit konzentrieren.«

Ihre Klassenkameraden warfen ihnen weiterhin verstohlene Blicke zu und flüsterten untereinander, während sie versuchten, zu entschlüsseln, was sich unter dem Tisch abspielte. Selinas Puls beschleunigte sich mit jedem waghalsigen Schlag ihres Fußes, berauscht von dem Nervenkitzel ihres geheimen Spiels.

»Ist hier was los?«, Stefans Stimme dröhnte plötzlich und durchbrach die ruhige Atmosphäre des Klassenzimmers. Seine Augen verengten sich argwöhnisch, als er die Szene vor sich betrachtete – seine Schwester, gerötet und grinsend, saß viel zu nah neben Andreas, der nervös und unbehaglich wirkte.

»Stefan, beruhige dich«, mahnte Selina und zog ihren Fuß von seiner Position auf Andreas' Bein zurück. »Wir reden nur.«

»Reden?«, spottete Stefan, seine Stimme triefte vor Verachtung. »Stell dich nicht dumm, Selina. Ich weiß, was hier passiert.«

»Dann klär uns auf«, schoss sie zurück, und ihre Augen blitzten trotzig auf. »Was genau ist hier deiner Meinung los?«

»Genug!«, warf ihr Kunstlehrer ein und brachte den sich zusammenbrauenden Streit mit einem strengen Blick zum Schweigen. »Dies ist nicht der Ort für persönliche Dramen. Wenn du nicht in Ruhe arbeiten kannst, dann verlasse bitte das Klassenzimmer.«

Stefan funkelte Andreas ein letztes Mal an, bevor er mit spürbarer Wut aus dem Raum stürmte. Als die Tür hinter ihm zufiel, erlaubte sich Selina ein kleines Grinsen und ihr Herz klopfte in ihrer Brust, als sie sich zu Andreas umdrehte.

»Das tut mir leid«, murmelte sie und streifte mit ihrer Hand seine unter dem Tisch. »Er ist halt so ... überfürsorglich.«

»Understatement des Jahrhunderts«, murmelte Andreas und schüttelte den Kopf. Trotz des Chaos konnte er nicht anders, als sich zu Selina hingezogen zu fühlen, fasziniert von dem Feuer, das so hell in ihr brannte.

»Lass uns wieder auf den Unterricht konzentrieren!«, schlug Selina vor und ihre Finger verweilten noch einen Moment auf seinen, bevor sie sich zurückzogen. Die Luft zwischen ihnen blieb aufgeladen, ein Versprechen auf mehr, das sie atemlos und begierig auf die nächste Gelegenheit machte, Grenzen zu überschreiten und die Tiefen ihrer Anziehungskraft zu erkunden.

Da es Selina und Andreas schwer fielen, sich auf ihr Kunstwerk zu konzentrieren, tauschten sie einen Blick aus und waren sich im Stillen einig, dass die Spannung im Raum zu groß war, um sie zu ertragen. Als würden sie eine Geheimsprache sprechen, packten beide ihre Sachen zusammen und schlichen aus dem Klassenzimmer, ohne auf die neugierigen Blicke ihrer Klassenkameraden zu achten.

Der Schulhof war in goldenes Sonnenlicht getaucht und warf lange Schatten auf den Boden. Selina lehnte sich an die Backsteinmauer, ihr rotes Haar schimmerte wie ein Heiligenschein um ihren Kopf, als sie Andreas' Blick begegnete, ihre grünen Augen tanzten vor Schadenfreude. »Das war... Intensiv«, gab sie zu und biss sich auf die Lippe.

»Intensiv ist ein Wort dafür«, stimmte Andreas zu und sein Herz raste, als er ihr so nah war. Er konnte nicht anders, als die Rundung ihres Halses zu bewundern, die Sommersprossen, die über ihre Wangen verstreut waren, und die Art und Weise, wie ihre Lippen um seine Berührung zu betteln schienen. Es war berauschend, dieses plötzliche Verlangen, das zwischen ihnen entfacht worden war.

»Stefan wird wütend sein«, signalisierte Selina und fuhr mit den Fingern über den Rand ihrer Kunstmappe. »Aber das ist mir egal. Irgendwas ist an dir, Andreas... Ich kann es nicht genau sagen.«

»Vielleicht ist es unsere gemeinsame Liebe, Grenzen zu überschreiten«, schlug er vor und trat näher, bis er die Hitze spüren konnte, die von ihrem Körper ausging. »Vielleicht ist es aber auch nur Chemie.«

»So oder so, ich will es mit Dir ausprobieren«, gestand Selina und ihr Atem stockte, als seine Hand ihre berührte. »Ich habe noch nie eine so starke Anziehungskraft gespürt, und das macht mir Angst. Trotzdem kann ich nicht widerstehen.«

»Ich auch nicht«, gab Andreas zu, und seine Stimme war kaum mehr als ein Flüstern, als er sich vorbeugte und seine Lippen nur um Haaresbreite von ihren entfernt schwebten.

Bevor sie die Süße der Lippen des anderen schmecken konnten, tauchte Stefan in ihrem Blickwinkel auf, sein Gesicht vor Wut verzerrt. »Halte dich von meiner Schwester fern, Andreas«, warnte er mit leiser und drohender Stimme. »Wenn du sie verletzt, schwöre ich dir, dass Du es bereuen wirst.«

Andreas begegnete Stefans Blick unerschrocken, während Selinas Griff um seine Hand fester wurde. »Ich habe nicht die Absicht, sie zu verletzen«, erwiderte er gleichmütig und weigerte sich, einen Rückzieher zu machen.

»Gut«, murmelte Stefan und sein Blick wich nicht von Andreas' Gesicht, als er sich auf dem Absatz umdrehte und davonstolzierte, während seine Warnung immer noch in ihren Ohren klang.

»Küss mich«, flüsterte Selina, ihre Bitte war dringend und verzweifelt. »Bevor wir die Nerven verlieren.«

Andreas gehorchte und presste seine Lippen auf ihre mit einem Hunger, der ihrem eigenen entsprach, und ihre Anziehungskraft brannte wie ein Lauffeuer zwischen ihnen. Als sie sich atemlos und errötend voneinander entfernten, wussten sie, dass nichts mehr so sein würde, wie es einmal war. Aber für den Moment umarmten sie das Unbekannte und schwelgten in dem Passio, der sich in ihnen entzündet hatte.

Die Sommersonne brannte über uns und warf einen orangefarbenen Farbton über den Schulhof, während die Schüler eifrig ihre Pläne für die bevorstehenden Ferien diskutierten. Inmitten des aufgeregten Geplappers stand Stefan Heidenreich mit seinen Freunden, ein Grinsen auf dem Gesicht, als er seinen grandiosen Plan für die Party des Jahrhunderts detailliert schilderte.

»In der dritten Ferienwoche«, verkündete er zuversichtlich und spannte seinen Bizeps an, um seinen Standpunkt zu unterstreichen, »werden meine Eltern nicht in der Stadt sein, und ich werde das Haus ganz für mich allein haben. Perfekte Zeit für einen Draufzumachen, findet ihr nicht?«

Seine Freunde nickten zustimmend und träumten bereits von der legendären Nacht, die sie erwartete. Stefan konnte seine Aufregung kaum zurückhalten, sein Atem beschleunigte sich, als er sich die Feierlichkeiten vorstellte: Musik, die durch die Luft pulsierte, Körper, die sich aneinander knirschten, der Geschmack von Alkohol und die Freiheit in der Sprache von Lippen.

»Stellt sicher, dass ihr alle da seid«, sagte Stefan zu seinen Freunden, und seine Augen funkelten vor Schadenfreude. »Und bringt viel Lust auf eine wilde Zeit mit.«

Später an diesem Tag, nachdem er die Nachricht unter seinen Klassenkameraden verbreitet hatte, fand sich Stefan in einem örtlichen Café wieder, nippte an einem Eiskaffee und beobachtete die Welt an sich vorbeiziehen. Bald fiel sein Blick auf drei hübsche junge Damen, die an einem Tisch in der Nähe saßen und aus deren Mund das Lachen wie die süßeste Melodie hervorquoll. Er erkannte in einer von ihnen Maja Süß, eine Achtklässlerin, die kürzlich seine Aufmerksamkeit erregt hatte.

Stefan atmete tief durch, um seine Nerven zu stählen, und schlenderte zu ihrem Tisch hinüber, wobei sein selbstbewusster Schritt ihre Blicke auf sich zog. »Meine Damen«, begrüßte er sanft und ließ ein charmantes Lächeln aufblitzen, das ihre Herzen höherschlagen ließ. »Ich konnte nicht umhin, deine strahlende Schönheit schon von weitem zu bemerken. Es wäre mir ein Vergnügen, Sie in den Sommerferien zu einem kleinen Treffen einzuladen.«

Maja zog eine Augenbraue hoch, sichtlich fasziniert. »Ach so? Erzähle uns mehr«, sagte sie mit Neugier in der Stimme.

»Stell dir das vor«, begann Stefan und malte die Szene in ihren Köpfen, während er sprach. »Eine Nacht voller Tanzen, Lachen und reinem, unverfälschtem Spaß – in der das

Einzige, was heißer ist als die Sommerhitze, die Chemie zwischen uns allen ist.« Er beugte sich näher zu ihnen und seine Stimme wurde von Sekunde zu Sekunde heiserer. »Ich kann euch versichern, es ist eine Erfahrung, die ihr nicht missen möchtet.«

Die Mädchen tauschten Blicke aus, eine Mischung aus Aufregung und Unsicherheit zeichnete sich auf ihren Gesichtern ab. Maja biss sich auf die Lippe und ihre Augen flackerten zu Stefans auf, als sie schließlich fragte: »Was, wenn es uns zu heiß wird?«

»Dann lass dich von den Flammen verzehren«, erwiderte Stefan mit vor Verführung triefender Stimme. »Aber sei versichert, ich werde da sein, um die Dinge wieder unter Kontrolle zu bringen.«

Mit einem letzten Augenzwinkern verließ Stefan die Mädchen, um über seine Einladung nachzudenken, und spürte, wie der Nervenkitzel der Vorfreude durch seine Adern strömte. Als er das Café verließ, wurde er von einer plötzlichen Brise überrascht, die ihm einen Schauer über den Rücken jagte und ihn nach der Wärme dieser bevorstehenden Sommernacht sehnen ließ – wenn sich die Leidenschaft entzünden und der Widder in Vergessenheit geraten würde.

Ein paar Tage nach der Begegnung im Café kreuzten sich die Wege von Stefan erneut mit Stephanie, Maja und Laura. Diesmal saßen sie um eine Parkbank versammelt, lachten und tratschten miteinander. Stefan fühlte sich durch ihr vorheriges Gespräch ermutigt und schritt hinüber, seine Prahlerei war so unbestreitbar wie eh und je.

»Ah, da bist du ja«, sagte er und ein verschmitztes Grinsen breitete sich auf seinem Gesicht aus. »Ich habe gerade an unser kleines Gespräch neulich gedacht.«

»Wirklich?«, fragte Laura und hob skeptisch die Augenbrauen. »An was für einen Teil davon genau?«

»Darüber, dass ich, wenn es um Leidenschaft geht, mehr als gerüstet bin, um mit allem fertig zu werden, was du mir in den Weg wirfst«, erwiderte Stefan mit einer Stimme, die vor Draufgängertum nur so strotzte.

»Ist das so?«, mischte sich Stephanie ein und ihre Augen verengten sich, als sie ihn musterte. »Glaubst du wirklich, dass du schon so reif bist, Stefan?«

»Natürlich«, sagte Stefan ohne Umschweife und blähte seine Brust auf. »Es ist nicht so, dass ich ein naiver Junge bin, der im Dunkeln herumfummelt. Ich weiß, was ich will, und ich weiß, wie ich auch anderen geben kann, was sie wollen.«

»Mutige Worte für jemanden in deinem Alter«, grinste Maja. »Aber Reden kann man viel, weißt du.«

»Warum kommst du dann nicht zu meiner Party und findest es selbst heraus?«, schoss Stefan zurück, seine Zuversicht war unerschütterlich. Er spürte, wie ihre Augen auf ihm ruhten, jeden Zentimeter seines Körpers musterten, und er genoss die Aufmerksamkeit.

»Vielleicht werden wir das«, sagte Laura nach einem Augenblick mit einem verschmitzten Funkeln in den Augen. »Aber denke daran, dass Du derjenige bist, der diese

Versprechen gegeben hast. Wir werden eine ziemliche Leistung erwarten.«

»Vertrau mir«, antwortete Stefan grinsend. »Du wirst nicht enttäuscht sein.«

Während sie weiter miteinander plauderten, spürte Stefan plötzlich ein seltsames Gefühl um seine Taille. Es war, als würde seine Jeans langsam herunterrutschen und ihr Griff um seine Hüften lockerte sich mit jeder Sekunde. In Panik versuchte er, sie auf subtile Weise nach oben zu schieben, doch seine Finger streiften einen Stoff, der sich ungewohnt anfühlte – weicher und dünner als das, was er gewohnt war.

Seine Augen weiteten sich vor Entsetzen, als ihm dämmerte: Das waren nicht seine Jeans, sondern die seiner Schwester. In seiner Eile, sich an diesem Morgen anzuziehen, hatte er sich das Paar aus dem Wäschestapel geschnappt.

»Äh, entschuldigt bitte«, stammelte Stefan und Schweiß stand ihm auf der Stirn. »Ich erinnere mich gerade daran, dass ich noch einen Termin habe.«

»Wirklich?«, spottete Maja. »Gerade als es interessant wurde?«

»Tut mir leid, meine Damen«, erwiderte er und versuchte, seine Fassung zu bewahren. »Die Pflicht ruft.«

Mit diesen Worten eilte Stefan von der Bank weg und versuchte verzweifelt, seine Hose nicht noch weiter herunterfallen zu lassen. Doch die Hose, so schien es, hatte andere Pläne.

Als er um die Ecke bog, gab die Jeans seiner Schwester schließlich nach, rutschte an seinen Beinen herunter und ließ ihn mitten auf der Straße liegen. Sein Gesicht rötete sich vor Verlegenheit, während hinter ihm das Lachen der Mädels widerhallte.

»Stefan Heidenreich«, rief Stephanie mit vor Spott triefender Stimme. »Sexuell reif und zu allem bereit..., außer dass er anscheinend die Hosen beim Gehen anbehält!«

Let's Go Girls - Oder Nicht?

Im Heidenreich-Haus herrschte gespannte Vorfreude, als Stefans Freunde sich im geräumigen Wohnzimmer versammelten und lebhaft über die bevorstehende Geburtstagsfeier diskutierten. Lachen und aufgeregtes Geplapper erfüllten die Luft, und jeder teilte seine Ideen für Dekoration, Essen und Musik.

»Leute, ich sage euch, wir brauchen diese riesigen silbernen Luftballons, auf die Stefan so steht!«, schlug Marie begeistert vor, ihre Augen funkelten vor Aufregung. »Das wird eine großartige Kulisse für unsere Fotos abgeben!«

»Definitiv«, stimmte Stefan zu und nickte energisch mit dem Kopf. »Und überall müssen Stroboskope sein - es muss sich wie eine echte Party anfühlen!«

»Ooh, und was ist mit einem Schokoladenbrunnen?«, warf Selina ein, ihre Augen leuchteten bei dem Gedanken auf. »Wir könnten Erdbeeren, Marshmallows und Brezeln zum Eintauchen haben!«

Die lebhaften Farben der vorgeschlagenen Dekoration schienen in ihren Köpfen lebendig zu werden, als sie sich glänzende goldene und silberne Girlanden vorstellten, die von der Decke herabfielen, und funkelndes Konfetti, das über die glatten Holzböden verstreut war. Der gesamte Raum würde in ein glitzerndes Wunderland verwandelt, das die Aufregung und Energie des Anlasses widerspiegelte.

Als das Gespräch auf das Essen überging, lief ihnen bei dem bloßen Gedanken an die köstlichen Gerichte, die sie servieren wollten, das Wasser im Mund zusammen. Sie sprachen lebhaft über knusprige Hühnerflügel, die in würziger Barbecue Sauce überzogen waren, Tabletts mit saftigen Garnelencocktail und Teller voller zarter, saftiger Mini-Burger. Der verlockende Duft dieser Leckerbissen schien durch den Raum zu schweben und ließ ihre Mägen vor Vorfreude knurren.

»Vergessen wir die Musik nicht!«, rief Stefan aus und klatschte in die Hände. »Wir müssen die perfekte Playlist bekommen, etwas, das alle die ganze Nacht zum Tanzen bringt.«

»Auf jeden Fall!«, antwortete Marie, ihr Fuß tappte bereits zu einem imaginären Rhythmus. »Wir könnten mit einigen Pop-Hits anfangen, um alle aufzuwärmen, und dann im Laufe des Abends zu intensiverer Tanzmusik übergehen.«

»Klingt perfekt«, stimmte Selina zu und schwang leicht mit den Hüften. »Ich kann es kaum erwarten, alle ihre Moves zu sehen!«

Während sie die Partyplanung weiter besprachen, erfüllte der energiegeladene Beat der Musik ihre Vorstellungen und gab den Rhythmus für die unvergessliche Nacht vor. Jeder Song würde eine Woge der Aufregung durch die Menge schicken und sie auf die Tanzfläche treiben, und sicherstellen, dass Stefans Geburtstagsfeier als ein wirklich elektrisierendes Ereignis in Erinnerung bleiben würde.

Obwohl das Treffen noch Tage entfernt war, war die Atmosphäre im Heidenreich-Haus bereits elektrisch aufgeladen, und jedes Detail der Party nahm in ihren Köpfen Form an. Die Kombination aus lebendigen Dekorationen, köstlichen

Speisen und mitreißender Musik versprach eine unvergessliche Nacht, und die Vorfreude war ansteckend.

Während das Gelächter und das aufgeregte Geplauder der jungen Partyplaner das Haus erfüllte, saß Herr Heidenreich an seinem Schreibtisch im Arbeitszimmer und blätterte mit gerunzelter Stirn durch einen Stapel Papiere. Die Ecken seiner Lippen wandten sich nach unten, als er die Zahlen auf den Bankauszügen vor sich las. Etwas stimmte nicht, die Beträge waren ungewöhnlich hoch. Ein Gefühl der Anspannung breitete sich auf seiner Brust aus, schwer und beunruhigend.

»Stefan! Selina!«, rief Herr Heidenreich, seine Stimme war durch die Aufregung sehr laut. **»Ich muss mit euch beiden im Wohnzimmer sprechen. Und zwar SOFORT«**

Die Geschwister tauschten ratlose Blicke aus, ihre Angst war spürbar. Stefans Augen verengten sich leicht, er spürte, dass diese unerwartete Unterbrechung etwas mit seiner bevorstehenden Geburtstagsfeier zu tun haben könnte. Selina biss sich auf die Lippe, offensichtlich besorgt, aber sie folgte ihrem Bruder ohne zu zögern aus dem Raum.

»Wir kommen, Papa«, antwortete Stefan und versuchte, gleichgültig zu klingen, als er auf das Wohnzimmer zusteuerte.

»Was ist los, Vater?«, fragte Selina vorsichtiger als ihr Bruder.

Herr Heidenreich stand am Kamin, hielt die Bankauszüge in einer Hand und trommelte ungeduldig mit der anderen

Hand gegen seinen Oberschenkel. Seine Augen waren scharf, fast beschuldigend, als sie auf seine Kinder fielen.

»Setzt euch«, sagte er entschieden und deutete auf die bequemen Sessel gegenüber von ihm. Die Geschwister gehorchten wortlos und tauschten einen besorgten Blick aus, als sie sich in die Polster sinken ließen.

»Könnt Ihr mir diese Abbuchungen auf unserem Konto erklären?«, fragte Herr Heidenreich und wedelte mit den Papieren, um seine Betonung zu unterstreichen. »Hier gibt es einige außergewöhnlich hohe Beträge, und ich würde gerne wissen, woher diese stammen.«

Stefan und Selina tauschten einen besorgten Blick aus, die zuvor elektrisierte Atmosphäre wurde durch unangenehmes Schweigen ersetzt. Es schien, als hätten die aufwändigen Pläne für die Geburtstagsfeier sie eingeholt, und die Spannung im Raum wurde immer dichter, während sie auf die nächsten Worte ihres Vaters warteten.

»Stefan, ich habe dich davor gewarnt«, zischte Selina leise, ihr Blick wanderte zwischen ihrem Vater und ihrem Bruder. »Du hättest ihn vorher fragen sollen.«

»Halte deine Stimme leise«, erwiderte Stefan mit zusammengebissenen Zähnen, seine Finger umklammerten die Armlehnen seines Stuhls. Obwohl er versuchte, selbstbewusst zu wirken, verriet das nervöse Flattern in seinem Magen seine wahren Gefühle.

»Stefan«, durchbrach die Stimme von Herrn Heidenreich die angespannte Stille und zog die Aufmerksamkeit beider Geschwister wieder auf sich. »Möchtest du das erklären?«

»Okay, Papa«, begann Stefan, strich sich durchs Haar, während er seine Worte sorgfältig wählte. Sein Herz schlug heftig in seiner Brust, aber er wusste, dass ein Eingeständnis keine Option war. »Ich... habe vielleicht etwas für meinen Geburtstag geplant. Eine Feier, verstehst du?«

»Hier bei uns zu Hause«, fügte Selina schnell hinzu, in der Hoffnung, die Wirkung abzumildern. Sie warf einen Blick auf ihren Bruder, ihre Augen flehend, dass er behutsam vorgehen sollte.

»Genau«, nickte Stefan eifrig. »Nur eine kleine Zusammenkunft, wirklich. Ich meine, es gibt ja schließlich nur einen dreizehnten Geburtstag! Ich wollte etwas Besonderes machen, und ich dachte, die Party hier wäre perfekt.«

Besonders beschrieb kaum, was Stefan im Sinn hatte, aber er hoffte, dass die Betonung der Bedeutung des Meilensteins seiner Sache helfen würde. Und obwohl er sehr wohl wusste, dass die Kosten alles andere als "gering" waren, konnte er sich nicht dazu durchringen, es laut auszusprechen.

»Jedenfalls gehören diese Kosten nur für die Party«, schloss er und zwang sich zu einem Lächeln, während er versuchte, die Schweißperlen auf seiner Stirn zu ignorieren. »Es ist alles für die Party, Papa.«

Die Augen von Herrn Heidenreich verengten sich, als er den unschuldigen Versuch seines Sohnes genau unter die Lupe nahm. Stefan verspürte Unbehagen unter dem durchdringenden Blick seines Vaters und hatte das Gefühl, dass seine Absichten aufs Genaueste auseinandergenommen und analysiert wurden. »Eine kleine Zusammenkunft, sagst du?«, fragte Herr Heidenreich skeptisch, eine Augenbraue nach oben ziehend.

»Ähm, ja, Papa«, erwiderte Stefan und schluckte schwer. »Nur ein paar Freunde von der Schule, nichts Großes.«

»Nichts Großes?«, hallte Herr Heidenreich nach, lehnte sich in seinem Stuhl zurück und verschränkte die Arme vor der Brust. Die Skepsis in seiner Stimme war unverkennbar. »Kannst Du mir dann bitte erklären, warum auf dem Kontoauszug eine Abbuchung für ein Catering steht«, er machte eine Pause, um auf den Kontoauszug in seiner Hand zu schauen, »in Höhe von insgesamt 3000€?«

Stefans Mund trocknete aus, und er fühlte, als hätte er einen Stein verschluckt. Er warf einen Blick auf Selina, die leicht den Kopf schüttelte und ihn stumm bat, sich nicht weiter in dieses Loch zu graben. Doch er konnte nicht anders, die Worte purzelten aus seinem Mund, bevor er sie aufhalten konnte. »Nun ja, ich wollte wirklich gutes Essen haben, verstehst du?«

»Gutes Essen, in der Tat«, murmelte Herr Heidenreich und setzte die Prüfung der Abbuchungen auf dem Kontoauszug fort. »Und was ist mit diesem DJ? 1.500€ scheinen recht extravagant für eine 'kleine Feier' zu sein.«

»Ähm, Musik ist wichtig, oder nicht?«, versuchte Stefan die Situation zu retten, seine Hände wurden schweißnass. »Ich dachte, es wäre spaßig, einen professionellen DJ zu haben, der alle unterhält.«

»Unterhaltung«, wiederholte sein Vater und schien unbeeindruckt. »Und ich nehme an, die 400 Euro für die Wasserrutsche fallen in dieselbe Kategorie?«

»Genau!«, rief Stefan erleichtert aus, da sein Vater offenbar zu verstehen schien. »Es ist schließlich Sommer. Ich dachte, die Leute würden sich freuen, sich bei der Hitze abzukühlen.«

»Sehr aufmerksam von dir«, sagte Herr Heidenreich mit einer gehörigen Portion Sarkasmus in seiner Stimme. »Und zu guter Letzt« - er hob den Kontoauszug zur Betonung - »ein Beamer, eine Leinwand und Getränke für erstaunliche 500€. Möchtest Du mir das auch erklären?«

Stefans Herz raste, während er verzweifelt nach einer überzeugenden Erklärung suchte. »Nun ja, ich dachte, es wäre cool, einen Film an die Wand während der Party zu projizieren, und die Getränke... nun ja, es ist eine besondere Gelegenheit, oder nicht? Etwas, um die Nacht unvergesslich zu machen.«

Unvergesslich war noch untertrieben. Stefan konnte praktisch die Räder in seinem Vaters Kopf hören, wie er die Kosten im Geiste zusammenzählte. Aber es gab jetzt kein Zurück mehr, und er hielt den Atem an, in der Hoffnung, dass sein Vater irgendwie sein Verlangen nach einer grandiosen Feier verstehen würde.

Stefan starrte seinem Vater in die Augen, unwillig nachzugeben. Er stand aufrecht da, die Schultern gerade, und atmete tief ein, ließ die Selbstsicherheit, die er in sich spürte, durch seine Worte strahlen. »Papa, ich weiß, es ist viel

Geld«, begann er, seine Stimme ruhig. »Aber ich verspreche dir, ich werde jeden Cent zurückzahlen.«

Er ballte die Fäuste an seinen Händen, spürte einen Anflug von Entschlossenheit in sich aufsteigen. »Ich habe in letzter Zeit hart gearbeitet – gute Noten bekommen, im Haushalt geholfen und sogar in Mamas Bäckerei ausgeholfen. Und mit meinem Abschluss in ein paar Jahren bin ich sicher, dass ich bald einen großartigen Job finden werde. Du weißt doch, ich habe große Pläne für meine Zukunft, oder?«, Stefan warf einen Blick auf seinen Vater und suchte nach einem Anzeichen von Verständnis.

Das Gesicht von Herrn Heidenreich erweichte ein klein wenig, und er presste die Lippen zusammen, als würde er über die Worte seines Sohnes nachdenken. Der Raum wurde still, bis auf das Ticken der Standuhr in der Ecke. Stefan hielt den Atem an und wartete auf die Antwort seines Vaters.

Als Herr Heidenreich seinen Sohn ansah, konnte er nicht umhin, ein bisschen Stolz in seiner Brust zu spüren. Trotz seiner Skepsis wusste er, dass Stefan tatsächlich in allen Bereichen seines Lebens hart gearbeitet hatte. Seine Fleißarbeit war offensichtlich, bis zu seinem makellosen sauberen Zimmer. Vielleicht, dachte er, verdiente Stefan diese prächtige Feier – eine unvergessliche Nacht für einen jungen Mann, der kurz davorstand, das nächste Kapitel seines Lebens zu beginnen.

»Also gut, Stefan«, sagte Herr Heidenreich schließlich und seufzte tief. "Ich werde es erlauben. Aber ich möchte, dass du die Tragweite dieser Entscheidung verstehst und dass du für die Begleichung dieser Ausgaben verantwortlich sein wirst.«

Stefan konnte seine Erleichterung kaum verbergen, und sein Gesicht brach in ein breites Grinsen aus. »Danke, Papa! Ich verspreche, ich werde dich nicht enttäuschen. Du wirst sehen – das wird eine Nacht sein, die wir nie vergessen werden, und es wird sich am Ende alles auszahlen.«

»Allerdings«, fügte Herr Heidenreich hinzu und erhob den Finger, um seinen Punkt zu betonen, »wird diese Feier nicht unbeaufsichtigt bleiben. Ich möchte sicherstellen, dass alles in Ordnung ist.«

Selina runzelte die Stirn, Verwirrung zeichnete sich auf ihrem Gesicht ab. »Was meinst du mit nicht unbeaufsichtigt, Papa?«,

Stefans Augen huschten zwischen seiner Schwester und seinem Vater hin und her, und er spürte die Besorgnis von Selina, während er sich fragte, wie diese neue Bedingung ihre Pläne beeinflussen könnte.

Herr Heidenreich verschränkte die Arme vor seiner Brust und seine Haltung war bestimmt, als er erklärte: »Ich möchte nicht, dass die Dinge außer Kontrolle geraten. Ich vertraue euch beiden, aber bei so vielen Gästen und so viel Geld im Spiel, denke ich, es ist am besten, jemanden dort zu haben, der ein Auge auf die Dinge hat.«

»Wie ein Aufpasser?«, platzte Selina heraus, ihre Stimme triefend vor Unglauben. Die Vorstellung, dass den ganzen Abend über ein wachsames Auge auf sie gerichtet sein würde, war beunruhigend und warf einen Schatten des Zweifels über das, was als unvergessliches Erlebnis gedacht war.

»Genau«, bestätigte Herr Heidenreich und nickte mit dem Kopf. »Jemand Verantwortungsbewusstes, der sicherstellen kann, dass alles reibungslos läuft und darauf achtet, dass niemand unsere Großzügigkeit ausnutzt.«

Ein Moment lang herrschte Stille im Raum, das Ticken der Standuhr wurde lauter, während Spannung in der Luft lag. Stefan konnte das Gewicht der Worte seines Vaters spüren, die Verantwortung lag nun fest auf seinen Schultern. Er wusste, dass er nicht gegen die Logik hinter dieser Entscheidung argumentieren konnte - schließlich stand viel auf dem Spiel. Aber gleichzeitig fühlte sich die Vorstellung, einen Aufpasser zu haben, erstickend an, wie eine Leine, die um seinen Hals gezogen wurde.

»Gut«, stimmte Stefan widerwillig zu und schluckte die Bitterkeit hinunter, die in seiner Kehle aufstieg. »Wir werden sicherstellen, dass alles unter Kontrolle bleibt, und wir werden jemanden finden, der uns dabei hilft, ein Auge auf die Dinge zu haben.«

»Gut«, antwortete Herr Heidenreich, sein Tonfall endgültig. »Ich bin froh, dass wir uns in diesem Punkt einig sind.«

Selinas Kiefermuskeln waren angespannt, als sie ihren Bruder ansah, die Frustration war in ihren Augen deutlich sichtbar. Stefan wusste, dass sie seine Gefühle teilte - sie wollten beide, dass diese Feier ein Ausdruck ihrer Unabhängigkeit und Reife ist, aber jetzt fühlte es sich an, als ob unsichtbare Fäden sie zurückhielten. Sie konnte nur hoffen, dass trotz dieser neuen Bedingung die Nacht dennoch unvergesslich werden würde.

»Okay, Papa«, sagte Selina mit zusammengebissenen Zähnen. »Wir werden sicherstellen, dass alles nach Plan verläuft.«

»Danke, Selina«, antwortete Herr Heidenreich, scheinbar unbeeindruckt von der Spannung im Raum. »Lass uns jetzt daran arbeiten, jemanden für den Job zu finden.«

Frau Heidenreich, die das Gespräch still beobachtet hatte und die wachsende Spannung bemerkte, sprach endlich, um zu klären, was ihr Mann meinte: »Lasst mich klarstellen, was dein Vater meint«, sagte sie mit sanfter, aber bestimmter Stimme. »Wir werden zwei Aufsichtspersonen für die Feier engagieren - jemanden, der dafür verantwortlich ist, sicherzustellen, dass alles reibungslos und sicher verläuft. Sie werden da sein, um eventuelle Probleme zu bewältigen und sicherzustellen, dass nichts Unangemessenes passiert.«

Stefans Augen weiteten sich ungläubig bei den Worten seiner Mutter, während Selinas Gesicht vor Empörung errötete. Wut brodelte in ihnen, und sie tauschten einen wissenden Blick aus.

»Meinst du das ernst?«, platzte Stefan heraus, seine Fäuste ballten sich an seinen Seiten. »Zwei Kinderfrauen? Wir sind keine Kinder mehr, Mama!«

»Genau!«, fügte Selina hinzu, ihre Stimme vor Frustration erhoben. »Das soll eine Feier für junge Erwachsene sein, keine Verabredung unter Aufsicht einer Babysitterin!«

Frau Heidenreich seufzte, verstand ihren Ärger, blieb aber standhaft. »Ich weiß, es mag unfair erscheinen, aber das ist die Bedingung, unter der wir dieser Feier zustimmen. Wenn ihr die Freiheit haben wollt, die Party hier zu veranstalten, müsst ihr auch die Verantwortung akzeptieren, die damit einhergeht.«

Stefan presste die Zähne aufeinander, seine Brust bebte vor unterdrücktem Zorn. Er ging auf und ab im Wohnzimmer, seine Schritte spiegelten die Unruhe in seinem Kopf wider. Es fühlte sich wie eine Ohrfeige an, eine offensichtliche Erinnerung daran, dass ihre Eltern sie trotz ihrer Überzeugung, bereits erwachsen zu sein, immer noch als Kinder betrachteten, die beaufsichtigt werden mussten.

Selina verschränkte die Arme vor der Brust, ihre Augen loderten vor Trotz. Die Vorstellung, dass eine Kinderfrau jede ihrer Bewegungen während der Feier überwachen würde, war ärgerlich – eine unerwünschte Einmischung in das, was eine Nacht der Unabhängigkeit und des Spaßes sein sollte.

»Gut«, spuckte Stefan das Wort aus, seine Stimme von Groll triefend. »Aber erwartet nicht, dass wir begeistert sind.«

»Auch werden wir nicht so tun, als ob es keine massive Grenzüberschreitung ist«, fügte Selina hinzu, ihr Ton eiskalt.

Frau Heidenreich nickte, ihr Ausdruck war eine Mischung aus Mitgefühl und Entschlossenheit. »Ich verstehe eure Gefühle, aber bitte vertraut darauf, dass wir euer Bestes im Sinn haben. Wir möchten einfach sicherstellen, dass während der Feier die Sicherheit und das Wohlbefinden aller gewährleistet ist.«

Als Stefan und Selina dort standen, brodelte ihr Ärger unter der Oberfläche, und sie wussten, dass weiteres Streiten zwecklos sein würde. Sie hatten keine andere Wahl, als die Bedingung ihrer Eltern zu akzeptieren, auch wenn es bedeutete, ihren Stolz zu schlucken und die demütigende Anwesenheit von zwei Kinderfrauen bei ihrer lang ersehnten Feier zu ertragen.

In dem Versuch, die brodelnde Frustration zu beruhigen, ballte Stefan die Fäuste und starrte auf den Boden, indem er versuchte, sich in den abgetretenen Teppichfasern zu verankern. Der Duft des Parfums ihrer Mutter hing in der Luft und erinnerte an ihre unerschütterliche Entschlossenheit, die Kontrolle über die Situation zu behalten, während Selina neben ihm hörbar die Zähne zusammenbiss.

»Stefan«, flüsterte sie, ihre Stimme von Ärger durchzogen, als sie ihn anstieß, »wir können das nicht zulassen. Unsere Freunde werden uns das nie vergessen.«

Er hob den Blick, um den seiner Schwester zu treffen, und nahm die Wut, die dahinter tanzte, zur Kenntnis. Es waren Spiegelungen seiner eigenen Gefühle, ein geteiltes Verständnis, dass diese Kinderfrau-Situation alles andere als beleidigend war. Mit einem tiefen Atemzug antwortete er und hielt seine Worte trotz der Unruhe, die durch seine Adern strömte, ruhig. »Wir werden einen Weg darum herum finden, Selina. Vertrau mir.«

Selina nickte, und ihre angespannten Schultern entspannten sich leicht, als sie einen Moment der Solidarität teilten. Ihre Bindung wurde durch die geteilte Kränkung gestärkt. Die Geschwister hatten nicht die Absicht, sich von der Einmischung ihrer Eltern die Nacht verderben zu lassen.

»Mutter, Vater«, rief Stefan mit fester Überzeugung. »Wir verstehen eure Bedenken, aber ihr müsst einsehen, wie demütigend das für uns ist. Wir sind keine kleinen Kinder mehr.«

Herr Heidenreich sah von seiner Zeitung auf, seine Stirn zeigte Besorgnis. »Wir wissen, dass ihr keine Kinder mehr seid, Sohn, aber die Welt kann ein gefährlicher Ort sein. Und wir möchten, dass ihr sicher seid.«

»Gibt es keinen anderen Weg?«, drängte Selina, ihre Verzweiflung in ihrer Stimme nur knapp verborgen. »Irgendeinen Kompromiss, der nicht bedeutet, dass man uns wie Kleinkinder behandelt?«

»Lasst uns darüber nachdenken«, bot Frau Heidenreich an, ihre Augen wurden etwas weicher, als sie die Verzweiflung in den Gesichtern ihrer Kinder sah.

Stefan und Selina tauschten einen hoffnungsvollen Blick aus, ihre Herzen schlugen im Einklang, während sie auf das endgültige Urteil ihrer Eltern warteten. Gibt es noch eine andere Lösung für die Geschwister und ihre unvergessliche Party?

Endlich Party - und endlich abgespritzt?

Stefan Heidenreich schritt aufgeregt in seinem Zimmer auf und ab, sein Herz schlug vor Vorfreude. Die "Woche der Wochen" war endlich gekommen, und er konnte es kaum erwarten, all die aufregenden Erlebnisse zu erleben, die sie versprach. Sein Kopf wirbelte vor wilder Vorfreude, Gedanken an neu gewonnene Unabhängigkeit kreisten in ihm. Stefan stand kurz vor dem Erwachsenwerden, und er konnte die Freiheit, die damit einhergehen würde, fast schon schmecken.

»Nur noch ein paar Tage«, flüsterte er sich selbst zu, die Fäuste entschlossen geballt. »Ich schaffe das.« Er starrte sich im Spiegel an, seine Augen voller Feuer und Ehrgeiz. Dies war der Moment, auf den er gewartet hatte, der Wendepunkt in seinem Leben, an dem sich alles ändern würde.

***

In der Stadt saß Marcel Klein an seinem Schreibtisch, ein Lehrbuch vor sich geöffnet. Seine Stirn runzelte sich, während er sich auf die Worte konzentrierte, entschlossen, seine anstehenden Prüfungen zu meistern. Trotz seiner schüchternen Art hatte er die innere Stärke gefunden, sich auf die Verbesserung seiner Noten zu konzentrieren und sich nicht länger von Selbstzweifeln aufhalten zu lassen.

»Marcel«, rief seine Mutter von unten, ihre Stimme war voller Wärme und Unterstützung. »Wie läuft das Lernen? Brauchst du etwas? Marcel, denkst du auch an deine Nachhilfestunden mit der Tochter von unseren Nachbarn?«

Marcel: »Ja, Mutter, natürlich. Ich möchte endlich die lästige 5 in Mathe im nächsten Schuljahr loswerden.«

Mutter Klein: »Gut Marcel, du machst mich stolz. Mit so einer Einstellung schaffst du das. Ich muss jetzt zur Arbeit gehen... Oh, kannst Du später bitte unsere Nymphensittiche füttern. Danke, du bist ein Schatz!«

»Sicher, Mama«, antwortete er, ihre Worte kaum registrierend, während er versuchte, seinen Fokus auf die komplexe Matheaufgabe zu halten.

»Denk daran, sie mögen am liebsten Kolbenhirse«, fügte sein Vater hinzu und betonte die Wichtigkeit der Ernährung ihrer gefiederten Haustiere.

»Verstanden, Papa«, antwortete Marcel abwesend nickend.

Als seine Eltern das Haus verließen, warf Marcel einen Blick auf die Uhr und realisierte, dass er stundenlang gelernt hatte. Er seufzte, schloss sein Lehrbuch und stand auf, um seine müden Glieder zu strecken, bevor er sich um die Vögel kümmerte.

****** Bei den Heidenreichs ******

Zurück im Haus der Heidenreichs warteten Stefan und Selina gespannt auf die Ankunft ihrer neuen Kindermädchen. Sie hatten noch nie Kindermädchen gehabt, und die Aussicht erfüllte sie mit Neugier. Als es an der Tür klingelte, öffnete Herr Heidenreich die Tür und enthüllte zwei junge Frauen, Melanie und Madelaine.

»Herzlich willkommen!«, begrüßte Vater Heidenreich sie herzlich. »Ihr müsst Melanie und Madelaine sein. Ich freue mich, dass ihr es geschafft habt.«

»Vielen Dank, Herr Heidenreich«, erwiderte Melanie lächelnd, während Madelaine höflich neben ihr nickte.

»Stefan, Selina, kommt und trefft eure neuen Kindermädchen«, rief er seinen Kindern.

Die Geschwister kamen auf sie zu, tauschten freundliche Grüße und neugierige Blicke mit den Neulingen aus. Nach einigen kurzen Vorstellungen machte sich Vater Heidenreich bereit, mit seiner Frau in den Urlaub zu fahren.

»Gut, ihr vier«, sagte er und blickte auf die Gruppe im Wohnzimmer. »Eure Mutter und ich vertrauen darauf, dass alles in Ordnung sein wird, solange wir weg sind. Melanie und Madelaine, macht es euch bitte gemütlich. Stefan und Selina, seid brav und hört auf eure Kindermädchen.«

»Natürlich, Papa«, antwortete Stefan, seine Augen wanderten nie weg von den beiden jungen Frauen.

»Viel Spaß auf eurer Reise!«, fügte Selina hinzu, ihre Aufregung kaum zurückhaltend.

Mit abschließenden Umarmungen und Abschiedsworten schlossen ihre Eltern die Tür hinter sich und ließen die Geschwister mit ihren neuen Betreuerinnen zurück. Eine gewisse Erwartung lag in der Luft, als sie alle die Möglichkeiten in Betracht zogen, die vor ihnen lagen. Stefans Blick verweilte auf den Kindermädchen, als sie sich im Wohnzimmer niederließen, ihr Gelächter vermischte sich mit dem Klirren von Kaffeetassen. Er wandte sich an Selina, ein schelmisches Grinsen zuckte um seine Lippen.

»Hey, Schwester«, flüsterte er, sich ihr nahend. »Ich habe eine Idee.«

»Was?«, fragte Selina und zog eine Augenbraue hoch.

»Lass uns von diesen netten Damen etwas praktische Sexualkunde beibringen. Klingt nach Spaß, oder?«

Selina zögerte einen Moment, ihre Wangen erröteten leicht. »Du bist verrückt«, antwortete sie schließlich und ein nervöses Kichern entrang sich ihren Lippen. »Aber... warum nicht? Es könnte interessant sein.«

»Genau!«, rief Stefan begeistert aus, seine Augen funkelten vor Aufregung. »Lass uns sie besser kennenlernen.«

Die Geschwister gesellten sich zu Melanie und Madelaine und führten Gespräche, bei denen sie unauffällig nach Informationen suchten. Sie erfuhren von Melanies Liebe zum Wandern und Madelaines Leidenschaft für die Fotografie und fanden Gemeinsamkeiten in ihren geteilten Interessen.

»Hey, Melanie«, wagte sich Selina nach einer Gesprächspause. »Würdest du für einen Moment in mein Zimmer kommen? Ich möchte dir etwas zeigen.«

»Natürlich, Selina«, stimmte Melanie zu, ihre Augen warm und freundlich.

»Madelaine, wie wäre es, wenn du mit mir kommst?«, meldete sich Stefan zu Wort und freute sich darauf, mehr Zeit mit ihr zu verbringen.

»Klar, Stefan«, sagte sie mit einem Hauch von Amüsement in ihrer Stimme.

Die Paare trennten sich und begaben sich zu ihren jeweiligen Zimmern. Als sie den Wohnbereich verließen, fing Stefan Selinas Blick auf und teilte mit ihr ein wissendes Lächeln, bevor sie hinter verschlossenen Türen verschwanden.

Selina's Herz raste in ihrer Brust, als sie Melanie in ihr Schlafzimmer führte. Das Gewicht ihres vorherigen Gesprächs lastete schwer auf ihr. Die Luft schien sich zu verdichten, als sie die Schwelle überquerten und die Tür hinter sich schloss.

»Schönes Zimmer«, bemerkte Melanie beiläufig und durchbrach die Stille, die sich zwischen ihnen wie ein dichter Nebel gelegt hatte. Ihre Augen durchstreiften den Raum und nahmen die ordentlich angeordneten Bücher und die verstreuten Kunstmaterialien wahr, die Selinas kreative Seite enthüllten.

»Danke«, murmelte Selina und strich sich über die Jeans. Sie sah Melanie an, bewunderte ihre Haltung und Selbstsicherheit. »Also, ähm, ich muss dir etwas gestehen.«

Selina: »Erzähl mir doch etwas über dich! Wie alt bist du? Was machst du? Egal was!«

Melanie: »Ja, ich bin 25 Jahre alt und studiere derzeit Medizin. Ich möchte Ärztin werden. Ganz gleich, was es ist, du kannst mir vertrauen«, versicherte Melanie und legte tröstend eine Hand auf Selinas Schulter. »Ich bin hier, um dir zu helfen, nicht zu urteilen.«

****** In Stefans Zimmer ******

Stefan saß am Rand seines Bettes und spielte nervös am Saum seines Hemdes herum. Er konnte nicht anders, als einen Adrenalinschub zu spüren, als er sich darauf vorbereitete, über ein Thema zu sprechen, das er bisher nur mit wenigen ausgewählten Freunden geteilt hatte.

Stefan: »Hallo Madelaine, ich hoffe, ich spreche das richtig aus.«

Madelaine: »Ja, Stéphane, perfekt.«

Stefan: »Nach deiner Aussprache her kommst du wahrscheinlich aus Frankreich.»

Madelaine: »Ja, genau, aus der Stadt der Liebe.«

Stefan: »Gut zu wissen. Erzähl mir ein wenig mehr über dich! Wie alt bist du? Welche Vorlieben hast du? Fang einfach an!«

Madelaine: »Natürlich. Ich bin 30 Jahre alt, arbeite als Krankenschwester und von meinen Vorlieben kann ich dir nicht so einfach erzählen.«

Er zögerte einen Moment, schluckte schwer.

Stefan: »Schade, dass du heute nicht dein verführerisches Outfit trägst. Ich fand junge Krankenschwestern schon immer attraktiv ... und habe auch gehört, dass die meisten Krankenschwestern ... erfahren sind, wenn es um, ähm, sexuelle Dinge geht«, stotterte er und spürte, wie ihm die Röte ins Gesicht stieg. »Und ich habe mich gefragt, ob du mir in einigen Dingen etwas beibringen könntest. Oh, Entschuldigung, bitte!«

Madelaine: »Du musst nicht erröten, du süße Tarte. Erotische Fantasien sind natürlich. Nur in deinem Alter ist es etwas ungewöhnlich.«

****** Zurück in Selinas Zimmer******

Selina: »Wow. Respekt. Das nenne ich ein Ziel. Du willst also Leben retten!«

Melanie: »Ja, genau.«

Selina: »Ehrlich gesagt, ich hätte da ein Problem!«

Melanie: »Okay, lass es raus, womit kann ich dir helfen?«

Selina: »In unserer Klasse haben, nun ja, fast alle Mädchen schon einen Orgasmus gehabt, nur ich noch nicht.«

Melanie zuckte nicht zusammen oder erschrak über die Enthüllung, stattdessen blieb ihr Gesicht mitfühlend und verständnisvoll.

Melanie: »Selina, du bist doch erst 13, oder? Da kann ich dir noch nicht helfen. Dafür bist du noch zu jung.«

Selina: »Ich dachte mir schon, dass du so reagieren würdest. Dann bin ich wohl die Einzige in der Klasse, die dieses Gefühl vor Beginn des neuen Schuljahres noch nicht erlebt hat.«

******Zurück zu Stefan******

Stefan: »Danke, dass du das so siehst. Ich dachte, du würdest jetzt zuschlagen. Vielleicht verrätst du mir deine Vorlieben!«

Madelaine: »Stéphane, ganz ehrlich. In deinem Alter habe ich noch auf meinen kleinen Bruder aufgepasst und mir solche Gedanken sicher nicht gemacht. Aber wenn du mich lieb bittest, dann werde ich vielleicht nachgeben.«

Stefan: »Oh, bitte, bitte, Madelaine.«

Madelaine: »Natürlich, Stéphane. Was möchtest du denn wissen?«

Stefan: »Ähm, also...« Er hielt inne und sammelte seinen Mut. »Ich war schon immer neugierig auf die Position 69.«

Madelaine: »Ah, ein Klassiker«, nickte Madelaine und ein wissendes Grinsen breitete sich auf ihrem Gesicht aus. »Es ist eine Stellung, in der beide Partner gleichzeitig oral befriedigt werden können. Wenn man es richtig macht, kann es sehr angenehm sein.«

»Wirklich?« Stefans Augen weiteten sich in Erwartung, seine Neugier war geweckt. »Kannst du mir mehr darüber erzählen? Zum Beispiel, wie es genau funktioniert?«

»Sicher«, antwortete sie und setzte sich im Schneidersitz auf das Bett. »Es gibt verschiedene Variationen, aber in der Regel liegt ein Partner auf dem Rücken, während der andere sich genau andersherum auf den anderen legt. Beide Partner können sich dann gegenseitig oral verwöhnen.«

Während Madelaine die Mechanismen dieser Stellung beschrieb, war Stefan von ihren Worten gefesselt und seine Fantasie wurde immer wilder. Der Gedanke, dieses bisher unbekannte Gebiet zu erforschen, erregte ihn sehr.

****** Zurück in Selinas Zimmer******

Melanie: »Okay, ich werde dir bei deinem sogenannten Problem helfen. Aber nur, wenn du es nicht deinen Freunden erzählst! Habe ich dein Wort?«

Selina: »Aber natürlich. Du wirst einfach meine neue beste Freundin.«

Melanie: »Du hast Glück, dass ich bisexuell bin. Denn sonst würde ich das wahrscheinlich nicht tun. Dann zieh deine Unterwäsche aus, und ich zeige dir den einfachsten und dennoch heißesten Weg, eine Frau zum Orgasmus zu führen. Schau gut zu und lerne, denn am Ende bist du dran und wendest es an, damit deine neue beste Freundin sehen kann, dass du es beherrschst.«

Sie saß am Rand ihres Bettes, die Beine gekreuzt, während sie Melanie's Erklärungen zu verschiedenen Lusttechniken lauschte. Ihre Augen weiteten sich, als Melanie den "Zungentornado" erwähnte – eine Methode, um die Klitoris durch kreisende Bewegungen und variierenden Druck zu stimulieren.

»Stopp«, unterbrach Selina, ihre Neugierde geweckt. »Kannst du mir mehr darüber erzählen? Das klingt...interessant.«

»Natürlich«, antwortete Melanie und lehnte sich gespannt vor. »Die Idee ist, deine Zunge in kreisenden Bewegungen um die Klitoris herumzuführen. Du kannst mit leichtem Druck beginnen und ihn nach und nach steigern, abhängig von dem, was sich am besten anfühlt. Es kann sehr effektiv sein, die Erregung aufzubauen und sogar zu einem Orgasmus zu führen.«

Selina nickte, und ihre Entschlossenheit und Offenheit strahlte, als sie die Technik sorgfältig im Gedächtnis behielt. Sie wusste, dass das Geheimnis ihrer eigenen Lust zu entdecken, Übung und Geduld erfordern würde, aber sie fühlte sich besser ausgerüstet denn je, ihr Ziel zu verfolgen.

In Stefans Zimmer

Stefans Herz schlug in seiner Brust, als er Madelaines Gesicht betrachtete und nach Anzeichen von Widerwillen suchte. Stattdessen fand er ein warmes Lächeln und einen Hauch echter Neugier in ihren Augen.

»In Ordnung, ich werde dich anleiten«, stimmte sie zu, ihre Stimme war ruhig und beruhigend. »Aber denk dran, das ist nur zu Lernzwecken.«

»Natürlich«, antwortete Stefan eifrig, sein Körper kribbelte bereits vor Vorfreude. Er konnte nicht glauben, dass er mit einer so erfahrenen und aufgeschlossenen Partnerin die geheimnisvolle und verlockende Welt der Sexualität erkunden würde.

Madelaine wies ihn an, wie er sich richtig positionieren sollte, wobei sie darauf achtete, dass sowohl ihr Komfort als auch ihre Sicherheit im Vordergrund standen. Mit jeder sanften Berührung und jedem geflüsterten Ratschlag spürte Stefan, wie sein Selbstvertrauen wuchs und seine anfängliche Nervosität wie eine ferne Erinnerung verblasste.

Währenddessen in Selinas Zimmer

Als Melanie mit der Übung an ihr begann, rollte und saugte sie an ihrer Muschi, bewegte sich frei auf und ab und ließ ihre Zunge auf der Vagina kreisen und wechselte ständig die Position von oben nach unten. Ohne Pause. »Und spürst du es schon?«

Selina: »Ohhhh....jaaaaaa.... die führhhhhhllltttttt.....Hör nicht auf Melli, dass tuttttttt soooooo guuuuuuut.«

Melanie: »Okay, ich werde das Tempo erhöhen, damit du deinen ersten Höhepunkt spüren kannst.«

Selina: »Jaaaaaaaaaaaaaaa......... Jaaaaaaaaaaaaaaaaa..... oh, jaaaaaaaaaaaaaaaaaaaaa.«

»Melanie...ich...es ist passiert!«, keuchte Selina, ihr Gesicht errötete vor Erregung und Unglauben. »Ich... ich hatte meinen ersten Orgasmus!«

»Glückwunsch, Selina!«, strahlte Melanie und nahm Anteil an ihrem Sieg. »Siehst du, es war nur ein bisschen Anleitung und Selbsterfahrung nötig. Du solltest dich stolz und ermächtigt fühlen.«

Zurück in Stefans Zimmer

Stefan war erstaunt über die Intimität und Verbundenheit, die er mit Madelaine spürte, als sie gemeinsam die Position 69 erkundeten.

Madelaine: »Bei dieser Stellung liegt der Mann normalerweise auf dem Boden und die Frau liegt auf ihm in der entgegengesetzten Richtung. So kann der Mann die Vagina der

Frau befriedigen und die Frau bedient den Penis. Wie ich dir schon vorhin gesagt habe.«

Stefan: »Ah, ich verstehe. Der Mann bringt die Muschi zum Quietschen und die Frau bläst den Penis. Gegenseitige Befriedigung.«

Madelaine: »Sehr gut, sehr treffend und naturellement das Beste, um eine Frau rumzukriegen. Also fangen wir an.«

Stefan: »Jetzt gleich. Ich dachte, wir wollten nur über ein paar Techniken sprechen.«

Madelaine: »Immer, wenn ich über 69 spreche, werde ich so geil. Lass uns loslegen, oder willst du mich nur anschauen?«

Inzwischen hat sie sich schon komplett ausgezogen und stellt sich mit weit geöffneter, weicher Muschi hin.

Madelaine: »Na los, leck mich, mon petit apéritif.« Sie drückt seinen Kopf gegen ihre Vagina und er leckt sie schließlich wild.

Jede Berührung, jeder Atemzug, jedes Stöhnen - es war ein Tanz der gegenseitigen Lust, der ihn sowohl demütig als auch beglückt zurückließ.

»Geht es dir gut?«, murmelte Madelaine und hielt einen Moment inne, um Stefan in die Augen zu sehen.

»Mehr als gut«, antwortete er selbstbewusst und grinste sie an, bevor er wieder eintauchte. Er war fest entschlossen, die Kunst zu beherrschen, sie so zu befriedigen, wie sie es bei ihm getan hatte.

Während ihre Körper sich in Einklang bewegten, wuchs Stefan's Selbstvertrauen. Es war aufregend, diesen sinnlichen Tanz zu teilen. Seine Finger zeichneten Muster entlang von Madelaines Oberschenkeln, hervorgerufen wie ein Regenschauer und das leise Stöhnen von ihr, spornte ihn wiederum weiter an.

Schließlich, nachdem es wie eine Ewigkeit seliger Erkundung schien, lagen die beiden verflochten da, holten Atem und genossen das Nachglühen.

»Vielen Dank«, flüsterte Stefan erneut, seine Stimme voller Dankbarkeit und neuem Selbstbewusstsein. »Ich hätte mir nie vorstellen können, dass es so sein könnte.«

»Die Erforschung deiner Sexualität ist eine Reise«, erinnerte Madelaine ihn sanft. »Und du hast nun deinen ersten Schritt gemacht.«

»Danke, Madelaine«, flüsterte er danach, seine Augen glänzten vor Dankbarkeit. »Ich habe heute Abend so viel von dir gelernt.«

»Denk dran, Stefan«, antwortete sie mit einem wissenden Lächeln. »Das ist erst der Anfang deiner Reise. Es gibt noch so viel zu entdecken.«

Als der Abend zu Ende ging und Melanie und Madelaine sich in ihre eigenen Quartiere zurückzogen, lagen Stefan und Selina in ihren getrennten Zimmern wach, ihre Gedanken rasend vor neuem Wissen und Erfahrungen. Sie hatten den Bereich der sexuellen Erforschung betreten, und es gab jetzt kein Zurück mehr.

Später in dieser Nacht konnte Stefan, da Melanie und Madelaine gegangen waren, nicht widerstehen, Selina zu schreiben. Seine Aufregung und Neugierde über ihre

Erfahrung sprudelten über, er war gespannt darauf, Notizen zu vergleichen und ihre Erfolge zu teilen.

Stefan: »Hey Schwester, wie ist es mit Melanie gelaufen?«

Fast sofort kam Selinas Antwort.

Selina: »Es war erstaunlich, Stef! Ich hatte endlich meinen ersten Orgasmus!«

Stefan grinste und fühlte einen Stolz für seine Schwester.

Stefan: »Das ist großartig! Ich freue mich so sehr für dich. Madelaine hat mir auch einiges beigebracht. Unsere Kinderfrauen sind wirklich die besten.«

Selinas Begeisterung spiegelte sich in ihrer nächsten Nachricht wider.

Selina: »Auf jeden Fall! Ich kann es kaum erwarten zu sehen, was sie uns noch beibringen können. Ich fühle, als hätte sich eine völlig neue Welt für mich geöffnet.«

Während ihre Nachrichten weiterhin hin und her flossen, konnte Stefan das Gefühl nicht abschütteln, dass dies erst der Anfang ihrer Reise war. Erfüllt von neuem Selbstvertrauen und Vorfreude, blickte er gespannt in die Zukunft.

*** ***

Die Nachmittagssonne drang durch die Vorhänge und warf einen warmen Schein in Selinas Schlafzimmer. Sie stand vor ihrem Ganzkörperspiegel und bewunderte die Veränderung, die mit ihr geschehen war. Das Selbstbewusstsein schimmerte wie ein Heiligenschein um sie herum, und sie konnte nicht anders, als zu lächeln.

»Kannst du glauben, dass die Party morgen ist?«, fragte Stefan vor der Tür, während er sich gegen den Rahmen lehnte und mit einem verspielten Grinsen hinzufügte: »Ich fühle mich wie eine völlig andere Person.«

»Ich auch«, stimmte Selina zu und betrachtete sich weiter im Spiegel. »Es ist erstaunlich, was ein wenig Wissen für dein Selbstvertrauen tun kann.«

»Ganz bestimmt«, erwiderte er und drängte sich von der Tür und trat in ihr Zimmer. »Also, irgendwelche konkreten Outfit-Pläne für heute Abend?«

Selina überlegte, während ihre Finger über die Kleiderbügel in ihrem Kleiderschrank strichen. Die Vorfreude brodelte in ihr, als sie sich die Möglichkeiten ausmalte. Jedes Kleidungsstück repräsentierte eine Chance, ihr neu gefundenes Selbstvertrauen auszudrücken.

»Etwas Gewagtes«, entschied sie schließlich und zog ein rotes Kleid heraus, das sich an ihren Körper anschmiegte und ihre Vorzüge betonte. »Ich möchte ein Statement setzen.«

»Perfekte Wahl«, nickte Stefan zustimmend. »Ich denke, ich werde mich für etwas Schickes entscheiden – vielleicht ein schwarzes Hemd und Jeans. Lässig, aber beeindruckend.«

»Klingt großartig«, sagte Selina und legte das Kleid auf ihr Bett. Ihre Gedanken rasten vor Vorfreude, während sie sich die Reaktionen vorstellte, die sie auf der Party erhalten würden. Sie waren nicht länger die unerfahrenen, unsicheren Teenager von vor nur wenigen Tagen. Jetzt trugen sie eine geheime Kraft in sich, die unter ihrer Haut pulsierte und darauf wartete, entfesselt zu werden.

Während sie sich auf den Abend vorbereiteten, erfüllten Gelächter und Neckereien das Haus. Melanie und Madelaine beobachteten mit Stolz aus der Ferne und wussten, dass sie eine entscheidende Rolle in der Verwandlung der Geschwister gespielt hatten.

»Vergiss nicht, das Wichtigste ist, dir selbst zu vertrauen und deinen Wünschen treu zu bleiben«, riet Melanie, während sie Selina beim Schminken half. »Du hast die Kraft in dir, also hab keine Angst, sie zu nutzen.«

»Danke, Melanie«, flüsterte Selina, gerührt von ihrer Aufrichtigkeit. »Deine Anleitung bedeutet mir alles.«

»Habt Spaß heute Abend und schafft unvergessliche Erinnerungen«, fügte Madelaine hinzu und drückte Stefan beruhigend die Schulter.

»Das werden wir«, versprach er und tauschte einen wissenden Blick mit seiner Schwester. Gemeinsam waren sie bereit, die Nacht und die möglichen Herausforderungen zu meistern.

Als die Geschwister das Haus verließen, umwehte sie die kühle Abendluft, die ihre Vorfreude befeuerte. Die geteilte Aufregung zwischen ihnen war spürbar, eine Verbindung, die ihre Bindung als Geschwister stärkte.

»Auf eine Nacht, die wir nie vergessen werden«, rief Stefan aus und erklärte, indem er einen imaginären Toast erhob.

Jungfrau? Wie bitte? Geht's noch?

»Kannst du glauben, dass es endlich soweit ist?«, fragte Stefan, seine Stimme erfüllt von Vorfreude. »Heute Abend ist die Nacht, auf die wir gewartet haben.«

Selina lächelte verschmitzt und ihre Augen funkelten vor Aufregung. »Ich weiß! Es fühlt sich an, als hätten wir erst gestern darüber gesprochen, unsere Unschuld zu verlieren, und jetzt wird es tatsächlich passieren.«

Während sie weiter in Erinnerungen an das vorherige Kapitel ihres Lebens schwelgten, konnte Stefan nicht verhindern, dass er ein leichtes Nervenflattern spürte. Er wusste, dass diese Nacht ein Wendepunkt für ihn sein würde, ein Schritt in eine Welt, von der er zuvor nur geträumt hatte. Aber er konnte auch das Gefühl nicht abschütteln, dass etwas nicht stimmte, dass er ein wichtiges Detail übersehen hatte.

»Hey, glaubst du, alles ist für die Party bereit?« fragte er Selina, seine Stirn vor Sorge leicht gerunzelt.

»Natürlich!«, antwortete sie selbstbewusst. »Wir haben die Getränke, die Musik und, am wichtigsten, uns. Was könnte schon schiefgehen?«

Trotz Selinas Beruhigungen konnte Stefan das nagende Gefühl nicht loswerden, dass er etwas Wesentliches vergessen hatte. Als die Sonne hinter dem Horizont verschwand und die ersten Sterne am Himmel erschienen, begaben sich die Geschwister ins Haus, um sich auf die bevorstehende Nacht vorzubereiten. Die Gäste, Freunde und Kumpels trudelten nach und nach ein.

In einem Moment wurde Stefan klar, was er vergessen hatte: Er hatte niemanden aus der Schule eingeladen. Panik durchfuhr ihn wie ein elektrischer Schlag und ließ ihn einen Moment lang wie gelähmt verharren, während er versuchte, das Ausmaß seines Fehlers zu begreifen.

»Ähm, Selina«, stotterte er, sein Gesicht verlor an Farbe. »Ich glaube, ich habe einen Fehler gemacht.«

»Was meinst du?«, fragte sie, ihr Ton von heiter zu besorgt wechselnd.

»Niemand aus der Schule ist hier, nur unsere engsten Freunde sind auf der Party«, flüsterte er, seine Brust eng vor Angst. »Ich habe vergessen, sie einzuladen.«

Während die Geschwister da standen und noch immer unter dem Schock ihrer Erkenntnis litten, konnten sie nicht anders, als das Gefühl zu haben, dass die Nacht kurz vor dem Desaster stand. Was einmal eine sorgfältig geplante Feier gewesen war, drohte nun ins Chaos zu stürzen und zwang sie dazu, zu retten, was sie noch von den schwindenden Möglichkeiten des Abends retten konnten.

Aber als die ersten Gäste anfingen, sich zu vermischen, und die Musik zu spielen begann, wussten Stefan und Selina, dass sie keine andere Wahl hatten, als sich den Konsequenzen ihres Handelns zu stellen, ob zum Guten oder zum Schlechten. Und mit jedem verstrichenen Moment lastete die Schwere ihrer Entscheidung auf ihnen wie eine schwere Last, die die fragile Grundlage, auf der ihre Träume aufgebaut waren, zu zerdrücken drohte.

Walter, der junge Besserwisser mit einem Grinsen, der jeden zur Weißglut bringen konnte, schob sich an Stefan heran, seine Stimme triefend vor Herablassung. »Na, Stefan«, sagte er in einem gelangweilten Ton, »hast du jemanden von der Schule zu deinem kleinen Treffen eingeladen?«

Stefans Herz setzte einen Moment aus, als er regungslos verharrte, sein Verstand raste. Wie konnte er so unvorsichtig sein? Seine Hände ballten sich zu Fäusten an seiner Seite, als er leise vor sich hinmurmelte: »Verdammt.«

Selina, ihre Augen vor Besorgnis weit geöffnet, näherte sich ihrem Bruder. Sie kannte ihn gut genug, um die Anzeichen von Panik zu erkennen. »Was ist los, Stefan?«, fragte sie leise, bemüht, um keine Aufmerksamkeit zu erregen.

»Niemand von der Schule ist hier«, flüsterte er, Schweißperlen bildeten sich auf seiner Stirn, während er den Raum nach bekannten Gesichtern absuchte. »Ich habe vergessen, sie einzuladen.«

»Meinst du das ernst?«, Selinas Stimme war kaum hörbar, ihr Entsetzen offensichtlich. Ein frustrierter Seufzer entwich ihren Lippen, während sie sich durch die Haare strich. »Wir müssen das in Ordnung bringen. Jetzt.«

»Hey, entspann dich«, warf Walter ein, sein Grinsen wurde breiter, als er ihre Notlage genoss. »Warum rufst du nicht einfach ein paar hübsche Mädchen an, die vorbeikommen sollen? Ich bin sicher, sie würden sich freuen, der Party beizuwohnen.«

Stefans Kiefer verkrampfte sich, als er versuchte, seinen aufsteigenden Ärger gegenüber Walter zu kontrollieren.

Der Gedanke, Fremde anzurufen, um seine Party zu retten, ließ ihm den Magen umdrehen. Doch als er sich im Raum umsah, gefüllt mit Menschen, die er nicht wirklich kannte oder für die er sich nicht interessierte, begann die Verzweiflung Wurzeln zu schlagen. Er tauschte unsichere Blicke mit Selina aus, die seine Besorgnis zu teilen schien.

»Vielleicht hat Walter recht«, gab sie widerwillig zu, ihre grünen Augen von Sorge getrübt. »Wir müssen etwas unternehmen, bevor alle wieder gehen.«

»Gut«, willigte Stefan ein, seine Stimme angestrengt, und zog sein Handy hervor. »Schauen wir mal, ob wir ein paar Leute finden können, die Lust auf eine Last-Minute-Party haben.«

Stefans Herzschlag dröhnte in seinen Ohren, als er durch das Zimmer hetzte, Kleidung und Schuhe beiseite schleudernd, auf der verzweifelten Suche nach seiner anderen Hose. Die Erinnerung, die Telefonnummern der drei Mädels anzurufen, verfolgte ihn. Er fühlte sich wie ein Jagdhund, der eine Spur verfolgt, während der erwartungsvolle Blick seiner Schwester Selina und von Walter auf ihm lastete.

»Verdammt«, murmelte er leise vor sich hin, riss eine Schublade auf, und ließ Socken überallhin fliegen. »Wo sind diese verdammten Hosen?«

»Stefan, hast du nicht ihre Nummern in deinem Handy gespeichert?«, fragte Selina, ihre Stimme von Ungeduld durchzogen.

»Natürlich nicht«, erwiderte Stefan gereizt, seine Frustration wuchs. »Ich habe nie erwartet, dass ich sie anrufen muss!«

»Vielleicht sind sie in der Wäsche«, schlug Walter vor und lehnte sich grinsend an den Türrahmen. »Oder hast du das auch vergessen?«

»Halt's Maul, Walter«, knurrte Stefan, sein Gesicht rötete sich vor Peinlichkeit. Aber so sehr er es auch hasste zuzugeben, Walter könnte recht haben. Sein Blick wanderte zu dem überquellenden Wäschekorb in der Ecke, und er sprang darauf wie ein Löwe, der seine Beute verfolgte.

Sekunden später zog er triumphierend das zerknitterte Stück Papier aus der Tiefe seiner Hosentasche. Die Nummern starrten ihn an, forderten ihn heraus, sie zu wählen. Seine Hände zitterten, als er die Ziffern eintippte, kurz zögerte, bevor er auf die Anruftaste drückte.

»Bitte hebt ab«, flüsterte er, sein Herz klopfte gegen seine Rippen. »Bitte, bitte, bitte.«

»Hallo?«, antwortete eine verführerische Stimme auf der anderen Seite und schickte Stefan einen Schauer über den Rücken.

»Äh, hallo«, stotterte er, räusperte sich. »Hier spricht Stefan. Ich habe euch vor einer Weile getroffen und wollte fragen, ob du und deine Freundinnen Interesse an einer Party heute Abend habt?«

»Stefan«, schnurrte die Stimme, zog seinen Namen wie eine Liebkosung in die Länge. »Ich erinnere mich an dich. Glück für dich, meine Mädels und ich haben heute Abend

Zeit. Wir werden bald da sein und haben eine kleine Überraschung für dich.«

»Super«, brachte Stefan mühsam hervor, sein Mund war plötzlich staubtrocken. »Bis gleich.«

Als er auflegte, drehte sich sein Magen vor Aufregung und Angst um. Welche Art von Überraschung könnten sie wohl geplant haben? Er zwang sich ein Lächeln auf, als er sich Selina und Walter zuwandte.

»Sie kommen«, verkündete er und versuchte, selbstbewusster zu klingen, als er sich fühlte. »Mit einer Überraschung.«

»Gut gemacht, kleiner Bruder«, sagte Selina und klopfte ihm auf die Schulter. Aber ihre Augen verrieten ihre Sorge, und Stefan konnte nicht umhin, sich zu fragen, ob sie ihre Entscheidung still in Frage stellte.

»Lasst uns nur hoffen, dass es eine gute Überraschung ist«, fügte Walter hinzu und grinste teuflisch, als er aus dem Raum schlenderte.

»Ich hoffe es auch«, murmelte Stefan, während seine Gedanken rasten und das Gewicht seiner Entscheidungen schwer auf seinen Schultern lastete. Die Mädels waren auf dem Weg, und es gab kein Zurück mehr.

Die Haustür schwang auf, und ein kühler Nachtwind strömte in das Wohnzimmer. Die Mädels betraten den Raum mit einem Wirbelwind aus Parfüm, Gelächter und hochfrequenten Begrüßungen und ließen Stefan für einen Moment sprachlos, als er sie begrüßte. Lange Beine, tiefe Ausschnitte und verführerische Blicke trafen ihn an jeder Ecke, schürten das Feuer, das in ihm seit dem Telefonanruf stetig gewachsen war.

»Stefan!«, rief eine von ihnen aus, ihre Stimme wie Musik in seinen Ohren. »Wir sind hier und haben die Überraschung dabei!«

Sein Herz raste, als er die Mädchen durch die Halle ziehen sah, sich mit seinen Freunden vermischte und eine Kettenreaktion von Aufregung und Vorfreude auslöste. Aber inmitten des Chaos bemerkte er, dass Marcel in der Nähe der Tür verweilte und am Saum seines Hemdes herumzupfte. Der sanfte Kerl sah aus, als wolle er fliehen, aber es war bereits zu spät, um ohne Aufsehen zu erregen, und es war draußen auch ziemlich dunkel.

»Hey, Marcel«, rief Stefan, als er sich auf den Weg durch den Raum machte. »Warum schnappst du dir nicht einen Drink und kommst her?«

»Ähm, ja, klar«, murmelte Marcel, sein Gesicht wurde rot, als er nickte und in der Menge der Partygäste verschwand.

Stephanie schmiegte sich an Stefan, ihre Augen wanderten zwischen den Mädels und den anderen Gästen hin und her. Sie lehnte sich nah an ihn und ihre Worte waren kaum über den Lärm der Party zu hören. »Ich hoffe, du bist auf diese heißen Callgirls vorbereitet. Es war eine Idee von Jens' Schwester Laura.«

Stefan versuchte, das Unbehagen zu unterdrücken, das drohte, ihn völlig zu verschlingen. »Ja, ich bin bereit«, erwiderte er und zwang sich zu einem Lächeln. Doch tief in seinem Inneren konnte er das nagende Gefühl nicht abschütteln, dass die Dinge kurz davor waren, außer Kontrolle zu geraten.

Er beobachtete, wie die Callgirls von Gast zu Gast huschten und Funken von Verlangen und Neugierde entfachten. Ihr Gelächter erfüllte die Luft und vermischte sich mit dem basslastigen Wummern der Musik und dem Summen aufgeregter Stimmen.

Während er sich durch die Menschenmenge bewegte, wurden Stefans Sinne von einer verwirrenden Vielzahl von Eindrücken überwältigt: die Wärme von Körpern, die gegen ihn drückten, der herbe Geschmack von Alkohol auf seiner Zunge, der rhythmische Puls der Musik, der in seiner Brust vibrierte. Es war berauschend, aber auch desorientierend und machte es ihm schwer, sich auf etwas anderes als das unmittelbare Chaos der Party zu konzentrieren.

»Das nenne ich mal Spaß!«, rief Walter in sein Ohr, und drang durch den Nebel. »Diese Mädels wissen wirklich, wie man die Stimmung anheizt!«

»Definitiv!«, rief Stefan zurück und versuchte, die wachsende Leere in seinem Bauch zu ignorieren. Er stürzte sich in die Festlichkeiten, lachte und tanzte mit den Callgirls, als hätte er keine Sorgen in der Welt. Aber egal, wie sehr er versuchte, sich in diesem Moment zu verlieren, konnte er die Angst nicht abschütteln, dass gleich etwas schrecklich schiefgehen würde.

Und im Laufe des Abends wuchs die Angst immer mehr, bis es schien, als könnte er unter ihrer erdrückenden Last nicht mehr atmen.

Das Gelächter wurde lauter, eine Kakophonie, die von den Wänden abprallte und sich mit dem dumpfen Wummern der basslastigen Musik vermischte. Stefans Puls beschleunigte sich, als er das Geschehen vor sich beobachtete. Seine Augen wanderten zu Melanie und Madelaine, den Kindermädchen, die sich ins Zentrum der Aufmerksamkeit begeben hatten. In aufreizenden Outfits gekleidet, tanzten sie verführerisch und fesselten ihr Publikum.

»Komm schon, Stefan!«, rief Melanie, ihre Stimme kaum über die Musik hörbar. Ihre Augen funkelten vor Schalk, als sie ihn in der Nähe des Pools zu sich winkte.

»Ähm, ja«, sagte Stefan zögernd und verspürte eine merkwürdige Mischung aus Vorfreude und Unbehagen. Er drängte sich durch die Menge, sein Herz klopfte heftig in seiner Brust, und näherte sich Melanie.

Ohne Vorwarnung packte Melanie ihn am Arm und zog ihn in Richtung des Pools. Stefan stolperte, versuchte mit ihren langen Schritten Schritt zu halten, und fühlte das kühle Wasser auf seiner Haut, als er überrascht nach Luft schnappte. Gelächter brach um sie herum aus, und Stefan konnte trotz seiner anfänglichen Zurückhaltung nicht anders, als zu grinsen.

»Nichts ist besser als ein Sprung ins kühle Nass, um die Party in Schwung zu bringen!«, rief Melanie fröhlich und bespritzte Stefan spielerisch mit Wasser.

In der Zwischenzeit hatte Madelaine Selina bei der Hand genommen und sie in einen leeren Raum geführt, abseits des Lärms und des Chaos. Das gedämpfte Licht warf

Schatten auf ihre Gesichter, und Selina schaute neugierig auf Madelaine, unsicher, was als Nächstes passieren würde.

Am Pool ließ sich Andreas von Tiffany, einem verführerischen Callgirl, in den Bann ziehen, die ihre Hüften zum Rhythmus der Musik schaukelte. Er spürte, wie die Hitze der Begierde in ihm aufstieg, verstärkt durch den Alkohol, der durch seine Adern strömte. Tiffany bemerkte seinen Blick und lächelte, bewegte sich näher, um ihm ins Ohr zu flüstern.

»Hast du Lust auf etwas Spaß, Süßer?«, schnurrte sie, ihr Atem heiß gegen seine Haut. Andreas spürte, wie sein Widerstand schwand, und nickte, folgte ihrem Beispiel, als sie ihn von der Tanzfläche wegzog.

Während Walter in der Nähe stand, einen Drink in der Hand und das Geschehen beobachtete, schlich sich Laura von hinten an ihn heran, ihre Hände bedeckten seine Augen. »Rate mal, wer ich bin?«, neckte sie, kicherte, als Walter vor Überraschung aufsprang. Er lächelte und drehte sich zu ihr um, bereit, sich auf ein flirtendes Gespräch einzulassen.

Auf der anderen Seite des Hauses bemerkten Stephanie und Maja, wie Marcel alleine dastand und sich inmitten des Chaos verloren fühlte. Sie warfen sich Blicke zu, bevor sie sich ihm näherten, ihre Absichten unklar, aber von der elektrischen Atmosphäre der Party befeuert.

»Hey, Marcel«, rief Stephanie, mit einem verschmitzten Lächeln auf den Lippen. »Du siehst aus, als könntest du etwas Gesellschaft gebrauchen.«

»Ähm, ja«, stammelte Marcel, nervös von einem Bein auf das andere tretend. Er konnte nicht umhin, sich von den beiden Frauen eingeschüchtert zu fühlen, die Selbstbewusstsein und Anziehung auszustrahlen schienen.

»Lass uns zusammen Spaß haben«, schlug Maja vor, ihre Stimme verführerisch und einladend. Sie drehte eine Strähne ihres Haares um ihren Finger und beobachtete Marcel aufmerksam.

In Stefans Kopf drohte ein Wirbelwind von Gedanken, ihn zu verschlingen. War das wirklich passiert? Konnte er sich wirklich gehen lassen und die Nacht ohne Konsequenzen genießen? Als das Wasser an seinem Körper plätscherte und Melanie neben ihm lachte, entschied Stefan, dass er für den Moment den Wahnsinn des Augenblicks annehmen und sehen würde, wohin die Nacht ihn führen würde.

Während das Wasser um ihn herumwirbelte, konnte Stefan sich des Gefühls nicht erwehren, dass ihm ein Unheil bevorstand. Melanies Lachen klang in seinen Ohren, wie ein Sirenengesang, von dem er wusste, dass er ihm widerstehen sollte. Aber ihre Berührung war elektrisierend und entfachte etwas in ihm, das schon viel zu lange geschlummert hatte.

»Entspann dich, Stefan«, flüsterte Melanie, ihr heißer Atem kitzelte sein Ohr, als sie sich dicht an ihn heranlehnte. »Ich werde dir ein oder zwei Dinge zeigen.«

Stefan schluckte schwer und versuchte, seine Angst zu verdrängen. Er beobachtete, wie Melanie ihre Lippen auf die seinen presste, ihre Münder verschmolzen in einem

Tanz aus Leidenschaft und Verlangen miteinander. Ihre Hände wanderten über seinen Körper, zerrten am Bund seiner Hose und rissen sie dann mit einem scharfen Ruck weg.

»Hey!«, Stefan protestierte, seine Wangen wurden rot. »Was tust du da?«

»Pst«, brachte Melanie ihn zum Schweigen und blickte grinsend auf seine entblößte Männlichkeit hinunter. »Größe ist nicht alles, weißt du.« Sie warf ihn auf die nahe gelegene Couch und entledigte sich ihres eigenen Kleides mit einem Schwung.

Stefans Herz raste, sein Verstand war ein Wirbelwind aus Verwirrung und Lust. Ich sollte mit Madelaine zusammen sein, dachte er, und ein Gefühl der Schuld durchfuhr ihn. Aber Madelaine ist mit Selina zusammen... Und was haben die beiden wohl vor?

In dem schwach beleuchteten Raum wurde Selina von Madelaines schwülem Blick in den Bann gezogen. Die Luft zwischen ihnen war aufgeladen, dick mit unausgesprochenen Versprechen und Wünschen.

»Hast du schon einmal die Zungentornado-Technik ausprobiert?«, fragte Madelaine, und ihre Stimme war kaum zu hören, während Selinas Herz pochte.

»W-was?«, stammelte Selina und spürte, wie eine plötzliche Hitzewelle durch ihre Adern floss. »Oh ja, das hat mir Melanie vor einer Weile beigebracht.«

»Erlaube mir, dir auch meine Technik zu zeigen«, säuselte Madelaine und führte Selinas Körper mit einer sanften, aber festen Berührung.

Draußen traten die Geräusche der Party in den Hintergrund, während Stefan versuchte, sich auf Melanie und die Empfindungen zu konzentrieren, die sie in ihm auslöste. Aber seine Gedanken wanderten immer wieder zu Selina und Madelaine zurück und er fragte sich, welche Geheimnisse sie in diesem schattigen Raum teilten.

In einem anderen Teil des Hauses war Andreas allein mit Tiffany, die die Tür hinter ihnen abschloss. Ihre Augen funkelten mit einer schelmischen Absicht, die ihn gleichzeitig erregte und erschreckte. Sein Herz pochte in seiner Brust, eine Mischung aus Vorfreude und Nervosität durchströmte seine Adern, als ihm klar wurde, was gleich geschehen würde.

»Entspann dich«, flüsterte Tiffany, ihr Atem war warm an seinem Ohr. »Ich verspreche, ich werde sanft sein, ich bin eine gute Verführerin.«

Andreas spürte, wie ihm bei ihren Worten ein Schauer über den Rücken lief, und das Gefühl verstärkte sich noch, als sie ihren Körper an seinen presste. Er spürte die Wärme, die von ihr ausging, die Weichheit ihrer Haut und den subtilen Duft ihres Parfums, der die Luft um sie herum erfüllte. Sie lehnte sich näher zu ihm und berührte seine Lippen, während sie sprach.

»Vertrau mir«, murmelte sie, bevor sie schließlich den Abstand zwischen ihnen verringerte und seinen Mund in einem leidenschaftlichen Kuss einfing.

Seine Hände zitterten leicht, als sie ihren Weg zu ihrer Taille fanden, unsicher, wohin sie gehen oder was sie als nächstes tun sollten. Doch Tiffany führte ihn mit geduldiger Zuversicht, ihre Finger verschränkten sich mit seinen, während sie ihm zeigte, wie er sie berühren, ihren Körper erforschen und ihr Freude bereiten konnte.

»So«, ermutigte sie ihn, und ihre Stimme war kaum zu hören, wenn man das schwere Atmen der beiden und das entfernte Summen der Party draußen hörte. »Hab keine Angst, grob zu sein... Ich mag das.«

Als Andreas begann, Vertrauen in seine Bewegungen zu gewinnen, empfand er eine unerschütterliche Befriedigung, als er Tiffanys Reaktionen beobachtete - ihre Augen flatterten zu, ihre Lippen spalteten sich in Seufzern und Stöhnen. Das Gefühl von Macht und Kontrolle, das ihm das vermittelte, war berauschend und trieb ihn dazu an, noch weiter vorzudringen und neue Wege zu finden, sie vor Lust schreien zu lassen.

»Bist du bereit?«, fragte Tiffany, als sie einen entscheidenden Moment erreichten, ihr Blick traf seinen mit einer Mischung aus Lust und Zärtlichkeit.

Andreas zögerte einen Moment, die Nerven drohten ihn wieder einmal zu übermannen. Doch dann erinnerte er sich an ihre Worte von vorhin - vertrau mir - holte tief Luft und nickte zustimmend.

»Gut«, säuselte sie, richtete sich auf und führte ihn mit einer festen, aber sanften Hand in sich hinein.

Das Gefühl war anders als alles, was Andreas je zuvor erlebt hatte, eine Flut von Lust, die ihn überspülte und ihn völlig zu ertränken drohte.

Sein Verstand war wie leergefegt, verzehrt von dem Gefühl, dass Tiffany ihn umgab, ihn mit ihrer Wärme und Sanftheit einhüllte.

»Gott, du fühlst dich fantastisch an«, stöhnte er, seine Augen rollten zurück, als er sich ganz der Erfahrung hingab.

»Gleichfalls«, murmelte Tiffany, deren Worte von einem leisen Stöhnen unterbrochen wurden.

Schließlich berührt sie seinen Schwanz ganz zärtlich und fragt: »Jungfrau?«

Andreas antwortet: »Entschuldigung, wie bitte?«

Tiffany: »Ich meinte, bist du noch Jungfrau oder hattest du schon mal Sex mit einem Mädchen?«

Andreas: »Oh, ich verstehe. Nein, ich hatte noch keinen Sex. Ich habe nur mal einen Handjob bekommen.«

Tiffany: »Dann bist du schon in guten Händen. Aber ich kann dir noch mehr bieten. Willst du?«

Andreas: »Oh man....... Dasssss tuttttt sooooooooo guttttt. Darf ich dich komplett ausziehen?«

Tiffany: »Tu dir keinen Zwang an. Ich gehöre die ganze Nacht dir, wenn du willst.«

Er zieht sie schließlich ganz aus und umarmt sie. Greift ihr an den strammen Hintern.

Tiffany: »Bist du bereit, mich als Cowgirl auf dir zu erleben?«

Andreas: »Reite mich Schönheit, mach mich heute Nacht zum Mann!«

In Lauras und Walters abgeschiedener Ecke der Party verbargen ihr Lachen und ihr kokettes Geplänkel eine unerwartete Wendung der Ereignisse. Während sie neckische Bemerkungen und spielerische Berührungen austauschten, kamen die Namen von Stefan und Selina zur Sprache.

»Hast du irgendetwas... Seltsames zwischen den beiden bemerkt?«, fragte Laura mit leiser Stimme, während sie sich im Raum umsah, um sicherzustellen, dass niemand zuhörte.

»Seltsam?«, erwiderte Walter und legte verwirrt die Stirn in Falten. »Was zum Beispiel?«

»Zum Beispiel..., dass sie sich manchmal ein bisschen zu nahestehen«, antwortete Laura und zögerte kurz, bevor sie fortfuhr. »Ich meine, sie sind Geschwister, aber die Art und Weise, wie sie sich ansehen, wirkt irgendwie... seltsam.«

Seltsam war eine Untertreibung, dachte Walter und erinnerte sich an die letzten Blicke der Zuneigung, die er zwischen Stefan und Selina hatte vorbeiziehen sehen. Da war eine gewisse Intensität, ein Gefühl der Sehnsucht, das sich nicht mit bloßer geschwisterlicher Zuneigung wegdiskutieren ließ. Und plötzlich passte alles zusammen und er fühlte sich beunruhigt und wusste nicht, wie es weitergehen sollte.

»Vielleicht hast du recht«, gab er zu, seine Stimme war kaum höher als ein Flüstern. »Aber was können wir tun? Es ist nicht unsere Aufgabe, uns einzumischen.«

»Stimmt«, stimmte Laura mit düsterer Miene zu. »Aber es ist etwas, das man im Auge behalten sollte. Nur für den Fall.«

Laura: »Na mein junger Hengst, stehst du mehr auf Blümchensex oder auf die dominante Art?«

Walter: »Dominant klingt gut....... Aber ..... eigentlich ..... hatte ich noch nie........«

Leider kam er nicht mehr dazu, denn Laura fing sofort an. Laura begann ihn grob und tiefer zu küssen. Ja, hmmm, ohhhh Laura fing auch an zu stöhnen.

Inzwischen mit Maja, Stephanie und Marcel.

Maja: »Hey Süßer, kann ich dir was Gutes tun?«

Marcel: »Ehrlich gesagt, würde ich jetzt lieber zu Marie gehen.«

Maja: »Ist Marie deine Freundin?«

Marcel: »Freundin? Nein, aber ich liebe s.....« Maja unterbrach ihn. Er konnte den Satz nicht beenden, weil Maja ihn in diesem Moment küsste. Zuerst wollte er weiterreden, aber dann erwiderte er den Kuss. Er machte einfach weiter, bis sie seine Hand auf ihre nun nackten Brüste legte.

Marcel: »Hör auf. Es reicht.«

Stephanie: »Maja, lass es gut sein. Wenn er nicht will, kannst du ihn doch nicht zwingen!«

Stephanie stand auf und öffnete die Tür.

Marcel schaute zur Tür und entdeckte ganz in der Nähe Marie, die ihn ebenfalls nur anschaute. Maja fing sich und küsste ihn ganz gefühlvoll. Er wehrte sich, aber Majas Zungenküsse waren zu himmlisch für ihn. Er gab sich ihr völlig hin.

Während dessen bei Selina.

»Suchst du etwas?«, fragte eine Stimme, die Selina aufschrecken ließ. Madelaine lehnte am Türrahmen und hatte einen unleserlichen Gesichtsausdruck.

»Äh, ich bräuchte nur eine Pause von der Party«, stammelte Selina und zwang sich zu einem Lächeln. »Es ist ein bisschen überwältigend.«

Madelaines Blick fiel auf den Nachttisch, und ihre Augen weiteten sich leicht.

»Was ist das?«, fragte sie und nahm ein eingerahmtes Foto von Selina auf, das hinter einem Stapel Bücher versteckt gewesen war.

»Wo hast du das gefunden?«, forderte Selina und entriss das Foto aus ihrer Hand. Ihre Wangen röteten sich vor Verlegenheit und Ärger. »Das ist privat!«

»Stefan scheint wirklich mehr für dich zu sein!«, bemerkte Madelaine und ignorierte Selinas Ausbruch. »Ich frage mich, was deine Eltern dazu sagen würden.«

»Halt den Mund!«, schnappte Selina und spürte, wie ihr die Kontrolle entglitt. »Du weißt nichts über uns. Das geht dich nichts an!«

»Vielleicht nicht«, antwortete Madelaine gleichgültig zuckend. »Aber interessant ist es trotzdem, oder nicht?«

Bevor Selina antworten konnte, schwang die Tür auf, und Stefan betrat den Raum. Seine Augen weiteten sich überrascht, als er die Szene auf sich wirken ließ.

»Hey, was passiert hier drin?«, fragte er besorgt. »Ist alles in Ordnung?«

»Alles ist in Ordnung«, versicherte Selina ihm und zwang ein Lächeln hervor. »Wir haben nur deinen Geschmack in Fotografie bewundert.«

Stefans Blick wanderte zu dem eingerahmten Foto in ihrer Hand, und seine Wangen färbten sich rot. »Richtig«, murmelte er und fuhr sich durch die Haare. »Ähm, ich kann das erklären.«

»Spar es dir«, flüsterte sie und warf einen misstrauischen Blick auf Madelaine, die sie mit einem verstörenden Grinsen beobachtete. »Das ist gerade nicht wichtig.«

»Tatsächlich«, sagte Stefan und trat näher, senkte seine Stimme, sodass nur Selina ihn hören konnte, »ich denke, doch. Es gibt etwas, das ich dir schon eine Weile sagen wollte, aber ich hatte nie den Mut dazu.«

»Stefan, das ist nicht der richtige Zeitpunkt«, zischte sie, ihr Herz pochte in ihrer Brust.

»Bitte, lass mich das sagen.« Seine Augen drangen in ihre, flehend. »Ich liebe dich, Selina. Mehr als nur eine Schwester.«

»Stefan...«, hauchte sie, Tränen traten in ihre Augen. »Ich... Ich empfinde dasselbe.«

Ihre Lippen trafen sich in einer leidenschaftlichen Umarmung, ihre Körper pressten sich eng aneinander, als wollten sie die Leere füllen, die schon so lange zwischen ihnen herrschte. Die Welt schien zu zerfließen, und nur die beiden waren in ihrer verbotenen Liebe gefangen.

Bevor sie ihren Kuss beenden konnten, ritt Selina bereits auf seinem Schwanz, beugte sich zu ihm vor und küsste ihn liebevoll.

Stefan: »Nur nicht aufhören, ich komme gleich! Härter Schwesterchen, ja, uhhhh, fuckkkkk.«

Selina steigt von ihm ab, reißt das Kondom ab und bekommt die ganze Ladung in ihr Gesicht.

Doch so plötzlich, wie er begonnen hatte, wurde der Moment unterbrochen, als die Haustür zuschlug und die Stimmen ihrer Eltern zu hören waren.

»Was in Gottes Namen ist denn hier los?«, schreit Mutter Heidenreich.

Panik ergriff Selina, und sie stieß Stefan weg, ihre Augen wild vor Angst. »So dürfen sie uns nicht finden«, flüsterte sie und wischte sich hastig die Tränen von den Wangen.

»Selina! Stefan!« Die Stimme ihres Vaters hallte durch das Haus. »Wir sind zu Hause! Wo sind denn alle?«

»Ich komme!«, rief Selina zurück, deren Stimme zitterte, als sie sich zusammenriss und sich darauf vorbereitete, die Konsequenzen ihres Handelns zu tragen. Als die Geschwister aus dem Schlafzimmer traten und ihre Hände sich ein letztes Mal flüchtig berührten, wussten sie, dass nichts mehr so sein würde wie zuvor.

Selinas Herz klopfte wie eine Trommel in ihren Ohren, als sie den Flur hinunterrannte und verzweifelt versuchte, Abstand zu der Szene zu gewinnen, die sich gerade abgespielt hatte. Die schockierten Gesichter ihrer Eltern waren in ihrem Kopf eingebrannt, und sie wusste, dass sie etwas tun musste - irgendetwas, um zu verhindern, dass sie mehr von den schmutzigen Ereignissen der Nacht erfuhren.

»Stefan, geh und lenk sie ab«, zischte sie ihrem Bruder zu, der noch immer von ihrem leidenschaftlichen Moment geschockt war. Er nickte, seine Gesichtszüge waren entschlossen, und rannte die Treppe hinunter.

Selina ging weiter den Flur entlang, ihre scharfen Ohren nahmen schwache Geräusche hinter der Schlafzimmertür ihrer Eltern wahr. Ihre Brust krampfte sich vor Angst zusammen, war da noch jemand in den Fängen der Leidenschaft gefangen? So sehr sie es auch ignorieren wollte, sie wusste, dass sie keinen weiteren Skandal riskieren konnte.

Endlich waren alle Gäste nach Hause gegangen. Aber ein Junge fehlte noch. Wo war Marcel?, dann der Schock, als sie das Schlafzimmer des Ehepaars Heidenreich öffnete.

Sie holte tief Luft, machte sich auf das gefasst, was sie erwartete, und stieß die Tür auf.

»Marcel?«, keuchte sie und ihre Augen weiteten sich vor Schreck bei dem Anblick, der sich ihr bot. Marcel, der schüchterne Junge, der sich immer am Rande ihrer Gesellschaft aufgehalten hatte, war gefesselt und geknebelt, mit gespreizten Beinen auf dem Bett ihrer Eltern gefesselt. Maja, eine schwüle Verführerin, die in der ganzen Schule bekannt war, spreizte sich auf ihm, ihre Finger fuhren neckisch über seine Brust.

Sie machte es Marcel so gut, dass er vor lauter Begeisterung schon ganz besessen von ihr war, egal was Maja mit ihm anstellte.

Der Blick in Marcels Augen war eine Mischung aus Schrecken und Ekstase, und Selina drehte sich der Magen um, wenn sie an die Folgen dachte.

»Bitte, binde mich los«, flehte Marcel durch den Stoffknebel, seine Stimme war gedämpft, aber die Dringlichkeit unüberhörbar. Selina zögerte nur einen Moment, bevor sie nach vorne eilte und mit ihren Fingern an den Knoten herumfummelte, die ihn gefangen hielten. Während sie ihn befreite, konnte sie nicht umhin, darüber nachzudenken, wie die Dinge heute Abend so furchtbar schiefgelaufen waren.

»Fast fertig«, murmelte sie, mehr zu sich selbst als zu Marcel. Gerade als sich der letzte Knoten löste, zog Selina Maja endlich von Marcel herunter. Maja stieß einen überraschten Schrei aus, sprang vom Bett und verschwand in den Schatten des Raumes, als wäre sie nie da gewesen.

»Danke«, flüsterte Marcel heiser, sein Körper zitterte, als er sich mühsam aufsetzte. Doch bevor Selina etwas sagen oder ihn trösten konnte, verzog sich Marcels Gesicht vor Lust, und zu ihrem Entsetzen fand sie sich in der Schusslinie wieder, als er sein Sperma abspritzte und die warme Flüssigkeit gegen ihren Mund spritzte.

»Marcel!«, rief sie aus, zuckte erschrocken zurück und wischte sich mit dem Handrücken über das Gesicht. »Was zum Teufel?«

»Es tut mir so leid!«, stammelte er und seine Wangen glühten vor Verlegenheit. »Ich konnte nicht mehr anders.«

»Das ist jetzt egal«, seufzte Selina und versuchte, ihre Abscheu zu verdrängen. »Wir müssen dich sauber machen und von hier verschwinden, bevor meine Eltern auch noch davon erfahren.«

Während sie sich beeilten, Marcels verstreute Kleidung einzusammeln und zu verschwinden, wurde Selina das Gefühl nicht los, dass das Leben nach dieser Nacht nie wieder so sein würde wie vorher. Die Geheimnisse und Sehnsüchte, die ans Tageslicht gekommen waren, drohten alles zu verändern, und sie wusste, dass sie, egal wie sehr sie versuchten, die Geheimnisse wieder zu begraben, unter der Oberfläche verweilen und auf die nächste Gelegenheit warten würden, auszubrechen.